Faire signer ses clients

Le Closing

Groupe Eyrolles
61, bd Saint-Germain
75240 Paris Cedex 05

www.editions-eyrolles.com

La collection « Training Vente » dévoile les secrets, techniques et astuces que les meilleurs consultants transmettent dans leurs stages aux commerciaux et dirigeants. Elle ne laisse aucune place aux théories dont la pertinence ne serait pas vérifiée sur le terrain. Elle est ainsi l'une des principales voies d'accès aux outils pratiques du succès commercial.

Pascal PY

Faire signer ses clients

Le Closing

Septième édition

EYROLLES

Du même auteur, dans la même collection

Le Plan d'Actions du Commercial, 2014.
(Comment le concevoir, comment le rédiger)

Le Responsable commercial et son Plan d'Actions Commerciales, 2013.
(Le grand livre du Dirigeant commercial)

Savoir vendre ou mourir, 2013.
(Les règles du jeu de la compétitivité hors prix)

Faire accepter son prix à ses clients, 2010, 3e édition.
(Comment vendre au meilleur prix)

Le Grand Livre du responsable commercial et son Plan d'Actions, 2009.

Conquérir de nouveaux clients, 2008, 3e édition.
(Comment se faire recevoir et prospecter avec succès)

Le Plan d'Actions commerciales du vendeur, 2006.
(Comment concevoir, bâtir et rédiger son plan d'actions commerciales terrain)

Concevoir et piloter un Plan d'Actions commerciales, 2005.

Manager ses clients, 2001.
(Comment gérer, fidéliser et animer son portefeuille de clients)

Chez le même éditeur

Gérer son secteur de vente et son portefeuille de clients, 1994.

Chez Maxima

Les commerciaux descendent de Cupidon et leurs clients de Vénus, 2008.

*À Michel Saunier, feu mon oncle
et à Denise, son épouse
pour leur affection*

TABLE DES MATIÈRES

AVERTISSEMENT

La conclusion de vente est un moment délicat au cours duquel la peur du NON le dispute à l'espoir d'obtenir la faveur d'un client. Au regard de cette ambivalence – *j'ai envie que ce soit* « oui », *mais je crains que ce soit* « non » – et au risque d'être quelque peu réducteur, il est possible de classer les commerciaux en deux grands types, les *Killers* et les *Affectifs*.

Pour les *Killers*, le Closing est à la vente ce que l'estocade est à la corrida : une mise à mort de la bête ! Cette vision de la conclusion ne trouve pas d'écho dans ce livre. Je crains que sa lecture ne les satisfasse qu'imparfaitement.

Les *Affectifs* aiment leurs clients. Ils prennent plaisir à les rencontrer, les aider, les conseiller. Une infidélité de leur part les afflige. Pour eux le Closing n'est pas sans analogie avec la conquête amoureuse. Un refus opposé par un client les affecte, un peu comme s'ils étaient éconduits. À ceux-là, qui partagent avec moi cette même *affection pour leurs clients*, je leur promets de trouver ici la matière à un réel progrès dans leur capacité à aider leurs interlocuteurs à passer plus aisément et sans inquiétude à l'acte d'achat.

Sur le site www.forventor.fr, le lecteur désireux de renforcer son savoir-faire commercial dispose en vidéos de la formation commerciale conforme à ce livre. Ce stage filmé en *direct live* en présence de vrais participants est animé par l'auteur[1]. Il a été découpé en 25 vidéos de 7 à 77 minutes développant les divers chapitres de ce livre et ceux de *Faire accepter son prix à ses clients*, dans la même collection aux Éditions Eyrolles. Les vidéos auxquelles le lecteur peut utilement se reporter pour parfaire sa compréhension de telle ou telle partie sont indiquées par chapitre.

---

1. Le suivi de cette formation en vidéo est agréé par l'Afnor pour se présenter aux épreuves de certification commerciale ISO 17024 « Interlocuteur commercial de confiance, Excellent Professionnel » (sous réserve de justifier d'une journée de préparation intensive en présentiel chez Forventor).

INTRODUCTION

— Voilà j'ai un problème, je viens de rencontrer l'âme sœur.

— Ce n'est pas un problème, c'est une chance.

— C'est que, disons, j'ai une ouverture... mais du mal à conclure !

— Écoute, tu es bien gentil mais je ne suis pas une agence matrimoniale. Je suis consultant en matière commerciale.

— Justement je me disais que, côté conclusion, tu allais pouvoir m'aider avec tes trucs de vendeur. Dis-moi ce qu'il faut faire et je serai ton mouton enragé...

— Bon d'accord, alors écoute, commence par t'inspirer de ce que disait Danton : « De l'audace, encore de l'audace et toujours de l'audace. »

L'une des plus belles leçons de conclusion qu'il m'ait été donné de recevoir me fut administrée par deux commerciaux. À l'époque, je dirigeais une société de distribution de produits biotechnologiques. Ils me visitaient dans le but de me vendre quelques journées de consulting en organisation. L'entretien ne s'était pas très bien passé. Jeune dirigeant, tout frais émoulu de l'université, je ne ressentais nul besoin de leurs précieux conseils. Au cours de l'entretien, je leur avais clairement fait comprendre mon désintérêt, réduisant à néant leur espoir de conclure favorablement. Il n'empêcha. Ils forcèrent mon admiration en ne faisant pas l'économie de la tentative de Closing, une tentative pourtant vouée à l'échec. L'un d'eux en prit l'initiative en ces termes : « *Bien Monsieur Py. Nous venons de travailler ensemble une petite heure. Vous avez évoqué un certain nombre de problèmes que nous pouvons avantageusement vous aider à résoudre. Quelles objections voyez-vous à ce que nous menions une mission de conseil dans votre entreprise pour régler ces problèmes ?* » Puis, attendant la réponse, ils observèrent un long, très long silence, qu'ils me laissèrent la charge de rompre... Je leur fis valoir vertement que j'avais été clair et que leur tentative de conclusion était vaine. Je mis fin à l'entretien et pris le parti de les raccompagner très civilement à la porte du siège social. En revenant à mon bureau je surpris l'œil amusé de mon assistante. Je dus convenir avec elle que si nos trente commerciaux concluaient ainsi leurs entretiens de vente, notre chiffre d'affaires doublerait *ipso facto*...

La conclusion, c'est un peu le résultat d'un examen.

Passera, passera pas ? Reçu, pas reçu ? Ce moment, où étudiants nous recevions les résultats à nos examens, compte parmi les plus angoissants de notre jeunesse. C'est pareillement le moment le plus préoccupant de l'entretien pour nous autres commerciaux. « *L'ai-je bien descendu ?* » demandait Cécile Sorel parvenue au bas de l'escalier du Casino de Paris. « *L'ai-je bien déroulé ?* » pourrait aussi bien interroger le vendeur, pensant au bon respect des différentes étapes de son entretien de vente. Facile à savoir. La signature au bas du contrat lui vaudra réponse.

✓ **Cette observation nous conduit à introduire notre première partie : comment obtenir une commande sans avoir à la demander.**

La connaissance des ressorts psychologiques de la vente apparaît indispensable à qui veut progresser en matière de conclusion. La vente, comme l'achat, est le fruit d'un débat intérieur complexe. Pour nous autres commerciaux, la décision est une réponse, positive ou négative, qui met fin, quelquefois cruellement, à nos rêves. Elle nous soumet à une épreuve de vérité. C'est probablement la raison pour laquelle nous redoutons tant ce moment. De là une nette tendance, objectivable chez beaucoup parmi nous, à reporter cette épreuve. Ceux-ci entretiennent inconsciemment leur rêve et retardent le plus possible le moment où leur interlocuteur pourrait leur opposer ce « non » tant redouté. Côté client, le « oui » est un abandon qui contrarie par quelques manières ses racines psychologiques (quasi génétiques), tant il est vrai que nos éducations privilégient le NON (sans lequel notre vie en société serait impossible), et pour le moins bornent et subordonnent la satisfaction de nos désirs.

À l'occasion de ce premier chapitre, je présente quelques-unes des astuces comportementales que nous travaillons en séminaire. Astuces qui aussi bien favorisent l'éclosion du OUI chez vos prospects, qu'elles réduisent vos craintes du NON frustratoire. Connaître ses ressorts psychologiques pour mieux les repérer, et pourquoi pas les maîtriser, est source de grand progrès dans l'art de conclure.

Ces fondements psychologiques une fois développés, il nous faut remarquer que les commerciaux sont les seuls professionnels à privilégier le « Combien ? » sur le « Comment ? » ! Pressés par leur management à vendre, encore et encore, plus et plus, ils en sont venus à oublier, au point de l'ignorer, que le succès dans la vente résulte d'une part de la mise en œuvre rigoureuse d'un *process de vente* bien conçu, d'autre part de la bonne image dont jouit l'entreprise dans l'esprit du prospect, et enfin dans la plus ou moins grande confiance que ce dernier fait au Commercial qui l'entreprend. C'est pourquoi le chapitre 2 de cette première partie nous conduit à examiner pourquoi et comment bâtir un protocole de vente efficace et l'intérêt de respecter ce *process*, véritable déroulé logique de l'entretien de vente, pour faciliter et rendre naturelle l'obtention de l'accord du client. Le chapitre 3 développe les techniques de valorisation de l'image de marque afin de « vendre » votre entreprise et asseoir sa crédibilité, et le chapitre 4 présente les leviers pour gagner la confiance de vos interlocuteurs. Ces deux feux passés au vert (crédibilité de l'entreprise bien ancrée et confiance obtenue) sans lesquels rien n'est possible, la compréhension du besoin est désormais incontournable. Le chapitre 5 développe les techniques et méthodes de diagnostic d'un besoin et de l'intérêt pour le client à le satisfaire.

La problématique de votre interlocuteur une fois cernée et partagée par le Commercial et son client, les chances de développer des arguments pertinents et partant de conclure sur un accord en sont décuplées. Mais on ne fait pas boire un âne qui n'a pas soif ! À défaut d'avoir admis son besoin, le client ne saurait progresser vers une décision favorable. Il arrive qu'il nous faille forcer quelque peu les choses pour lui révéler et lui faire admettre ce besoin sans lequel aucune vente n'est possible. Ce constat nous amène à notre chapitre 6. Nous y présentons la technique des 3P, technique mise au point par Forventor pour « créer » un besoin chez un client.

Le besoin reconnu, le chapitre 7 présente le Closing besoin : véritable compromis de vente, cette technique est celle des agents immobiliers. Ils ne prennent rendez-vous avec un notaire que si leurs clients consentent à signer préalablement un compromis de vente ! Le Closing besoin, autrement dit la « conclusion sur le besoin » et sa satisfaction par des reformulations et suggestions d'achat, tient lieu de compromis. Le besoin mis au jour pourra être soumis au prospect et validé par lui. Cette validation équivaut à une conclusion qui, astucieusement, porte sur le besoin et l'intérêt de le combler, et non sur votre produit ou votre solution. L'usage de cette voie facilite grandement l'obtention d'une décision favorable sans avoir à la demander.

✓ **La deuxième partie de ce livre est consacrée aux techniques de conclusions proprement dites : comment demander une commande et obtenir une décision favorable.**

À défaut d'avoir vendu le besoin, il vous faut argumenter les vertus de votre produit. Cette observation nous conduit à une autre voie, intermédiaire entre la conclusion mise à la charge du client et celle où, faute d'adhésion suffisamment exprimée, il vous faudra porter le fardeau du Closing final. Cette phase intermédiaire, je l'appelle « la conclusion sur bénéfice produit ou solution » (chapitre 8). Cette voie est certainement très efficace. Elle règle tout problème d'amour-propre. Elle est mise en œuvre à l'occasion de la présentation de votre produit et de son aspect différenciant. Elle systématise le recours à la validation partielle de chaque bénéfice proposé par votre solution, sorte de marche d'escalier, qui facilite l'ascension de votre client, vers le grand « *oui* » final. Elle fait généralement tomber toute inhibition de part et d'autre.

En matière de vente, on ne vit pas d'espoir, mais de commandes, de chiffre d'affaires et de marges. Vient un moment où il nous faut mettre le client au pied du mur et obtenir une réponse, quand bien même serait-elle négative. Or, ce moment nous est souvent indiqué par ceux-là même à qui nous souhaitons vendre. Cette observation sur les signaux émis par les clients pour sonner l'heure de la conclusion est développée dans le chapitre 9.

Partant de cette considération qu'un NON, aussi éprouvant soit-il, vaut mieux qu'une absence de réponse, nous explorons dans cette partie une à une les voies susceptibles d'être empruntées pour solliciter un accord des clients. Chacune d'elles fait l'objet d'un chapitre à part entière.

La première façon d'opérer est de faire une **proposition-test ou exploratoire**. Elle consiste à prendre, en quelque sorte, la « température » de votre client. « Est-il chaud », ne dit-on pas ? Cette technique est propre à nous éclairer lorsque l'on éprouve le besoin d'y voir clair ou encore si l'on se sent peu sûr de soi (chapitre 10).

La deuxième façon de conclure, la plus redoutée parce que peut-être la plus redoutable, est communément appelée **conclusion directe**. Comme son nom le laisse entendre, elle revient à demander simplement et sans ambages à notre client, tout étant désormais clair pour lui, son accord pour signer (chapitre 11).

La troisième méthode de Closing, très prisée par ceux et celles qui craignent d'affronter un refus, est la **proposition alternative**. Elle se résume par l'offre d'un choix entre différentes solutions ; le choix d'une des solutions ou options proposées qui sous-entendent chacune l'accord de l'interlocuteur (chapitre 12).

Pour en finir sur les techniques de conclusion, le chapitre 13 examine cinq astuces conçues pour recueillir l'accord des clients indécis.

Les opérations de Closing étant tentées, deux cas de figure se rencontrent. Nous avons l'accord ou nous ne l'avons pas ! Que faire dans ces deux cas ?

✓ **La troisième partie est consacrée à la gestion des refus, blocages et autres objections : le Closing difficile ou impossible.**

Un entretien de vente n'est pas un long fleuve tranquille. Rarement fluide, il est souvent parsemé d'embûches, voire de blocages, qui rendent son succès hypothétique ou pour le moins aléatoire.

Certains de ces freins apparaissent au début de l'entretien. L'interlocuteur, craignant sans doute de se montrer sous un jour trop intéressé, prend des précautions oratoires pour avertir le commercial qu'il ne se décidera pas immédiatement, quand il n'allègue pas sournoisement être à la recherche d'un simple renseignement. Savoir lever ces dérobades et autres barrages est l'un des secrets de la réussite. Le chapitre 14 vous dévoilera ce secret et exposera comment gérer ce genre de manœuvres afin de conduire votre vis-à-vis à *jouer-pour-de-bon* !

Quelquefois, notre interlocuteur formule une objection de fond. Il n'exprime pas son désaccord mais simplement nous fait un signe comme quoi, selon lui, le compte n'y est pas. Comprendre l'objection et savoir y répondre pour parvenir à convaincre est l'objet du chapitre 15.

Les blocages prennent souvent racine dans le doute. Savoir lever le doute du client quand celui-ci retarde sa décision, ou semer le doute lorsque votre interlocuteur préfère ouvertement une solution concurrente à celle que vous proposez est de bonne politique. Le chapitre 16 présente les techniques et astuces, toutes très novatrices, pour aussi bien jouer avec le doute que vous jouer de lui.

Le chapitre 17 propose une synthèse de toutes les méthodes et techniques de vente, au travers des quatre versants d'une pyramide. Cette pyramide, dont le sommet n'est autre que le point de Closing, symbolise les quatre approches que le commercial peut mettre en œuvre pour exciter l'appétit d'achat de ses interlocuteurs. Libre à lui de choisir celle qui lui semble convenir à chaque circonstance.

Certaines objections surviennent à la fin, au moment de la conclusion. Ce sont les sempiternelles objections *faux nez* du genre « *Il faut que je réfléchisse* » ou encore « *Il faut que j'en parle à X... »*. À malin, malin et demi. Il faut savoir conclure en retour sur ce type de pseudo-objection. Le chapitre 18 vous livrera quelques-unes des bottes secrètes mises au point par les télévendeurs ; des bottes secrètes aux excellents résultats, qui bien des fois vous aideront à sortir de ce genre de mauvais pas et vous permettront de venir à bout des dix ultimes barrages que nous opposent nos prospects.

Le « peut-être » est la plaie des entretiens de vente. Vendeurs et clients semblent souvent se complaire dans l'indécision ou l'indétermination. « *Tant que je n'ai pas donné mon accord*, pense à bon droit le client, *je ne suis pas engagé.* » « *Tant que je n'ai pas essuyé un refus*, songe le vendeur, *je suis en droit d'espérer.* » Ainsi l'un et l'autre entretiennent-ils le rêve et quelquefois l'illusion. Le chapitre 19 proposera une toute nouvelle technique permettant de mettre au pied du mur client et vendeur, en soumettant l'un et l'autre aux vertus salvatrices d'un sérum de vérité baptisé « Ordalie commerciale ».

Il arrive par ailleurs qu'en certaines circonstances nous nous heurtions à un obstacle bien réel, une bonne raison qui empêche, momentanément, toute signature. Obtenir un engagement partiel est souvent une avantageuse solution de repli. Cette astucieuse tactique sera présentée dans le chapitre 20.

Le chapitre 21 réunira les différents éléments qui vous indiqueront la marche à suivre pour conclure efficacement face à un spectre de plusieurs décideurs, pas forcément d'accord entre eux...

Pour conclure, il nous restera à voir comment prendre congé et gérer au mieux notre sortie. Gérer leur sortie, n'est-ce pas là, l'ultime préoccupation des grands hommes d'État ? Qu'il y ait blocage ou que la commande soit en poche, comment faire ? À chacun de ces cas, une approche spécifique. Le chapitre 22 fera de ce sympathique thème ses choux gras.

✓ Enfin je complète mon propos par une quatrième partie : quelques techniques et astuces supplémentaires pour mener à bien vos entretiens de vente.

Quelque temps passé à vous observer suffira à vous convaincre. Force sera de constater que vous faites usage des mêmes mots, mêmes phrases et que vos procédures d'un client à l'autre varient peu. Cette constance, obtenue par la répétition, est en soit une bonne chose. Le vendeur y gagne en certitudes et force de conviction. Hélas, de nombreux mots sont inappropriés et impropres à convaincre. C'est pour y remédier que je propose au chapitre 23 un certain nombre de mots ou phrases qui font réellement vendre. Les échanges quelquefois s'accélèrent de façon vertigineuse. Alors, que dire et que faire quand les conditions deviennent plus délicates ? C'est dans ces moments que les bons réflexes vont faire la différence ! Disposer de quelques formules, toutes faites, de questions ou mots qui font vendre est une vraie clef du succès.

Je terminerai cette introduction par une ultime observation. L'enjeu des entretiens de vente, contrairement à ce qu'imaginent beaucoup, n'est pas de vendre. L'enjeu réel est de conduire vos interlocuteurs à prendre une décision d'achat. S'ils pouvaient cheminer seuls et arrêter leur décision sans aide, point ne serait besoin pour eux et pour les entreprises de recourir aux services des commerciaux ! Se fondant sur cette vérité première, en la forme d'une synthèse, le chapitre 24 vous invite à travailler davantage sur l'obtention de la décision pour mener à bien vos entretiens de vente et accroître vos succès tandis que le chapitre 25 vous délivre quelques conseils à propos de l'annonce du prix.

Partie 1
Le Closing sur le besoin
Comment obtenir une commande sans avoir à la demander

Nombreux sont les clients qui se décident seuls. Tout d'abord ils réunissent les éléments pour ce faire. Puis ils concluent à la nécessité de passer à l'acte d'achat sans l'aide d'aucun commercial. Quotidiennement chacun d'entre nous se décide ainsi, seul, sur le bien-fondé de telle ou telle acquisition. Par chance pour l'avenir de notre corporation, certains prospects ne parviennent pas à mettre au jour par eux-mêmes les avantages et bénéfices qu'ils pourraient retirer de l'acquisition de nos produits. Il est bien certain que s'ils n'avaient pas besoin de nos interventions pour acheter, ils le feraient sans nous. S'ils ne le font pas, c'est bien parce que quelque chose leur fait défaut. Un *je-ne-sais-quoi* nécessaire à les décider pour passer à l'acte. Quoi qu'il en soit, notre rôle est de les aider à accomplir ce travail que d'autres ont su faire seuls. C'est l'objet de la première partie de ce livre. Elle ambitionne de montrer comment apporter les éléments qui permettront à nos interlocuteurs de prendre en charge la décision d'achat, autrement dit d'obtenir une commande sans avoir à la demander.

Chapitre 1

LES RESSORTS PSYCHOLOGIQUES DE LA VENTE

> — *Alors, raconte. Où en es-tu avec ton âme sœur ?*
>
> — *Au point mort. J'ai peur d'essuyer un refus.*
>
> — *Peur ? Tu sais, à en croire Sénèque « ce n'est pas parce que les choses sont difficiles que nous n'osons pas, mais parce que nous n'osons pas qu'elles nous sont difficiles ».*
>
> — *Facile à dire... Je voudrais t'y voir !*
>
> — *À celui ou à celle qui veut conquérir revient le devoir d'exprimer son désir, à l'autre d'y accéder ou de le refuser... Ne confonds pas les rôles.*

Les ressorts psychologiques de la vente. Voilà une expression qui, si je n'y prends pas garde, pourrait rebuter certains parmi vous. Rassurez-vous, je ne fais ici nulle référence aux techniques psychologiques de vente qui ont fait la fortune de quelques consultants d'outre-Atlantique dans les années 1970. Il ne s'agit pas davantage de vous administrer des propos de psychologie de bistrot. Mon souci se limite à vous faire part de certaines constantes comportementales ou lois naturelles auxquelles sont soumis nos psychismes humains, qui ont été mises en exergue, aussi bien par les psychologues que par les psychanalystes et qui aujourd'hui sont unanimement reconnues par cette communauté scientifique. Les avoir à l'esprit au cours de nos entretiens vous permettra sans nul doute de mieux vendre. J'y ajouterai quelques réflexions personnelles, résultats d'observations faites à l'occasion de mes nombreuses pérégrinations en clientèle et que je soumets à votre libre appréciation.

La logique de la satisfaction de l'ego

Nos psychismes sont soumis en permanence à une loi parfaitement mise en évidence par les psychanalystes, que ce soit S. Freud, K. Abraham et surtout E. Jung. Il est possible de la résumer ainsi, sous réserve de quelques concessions à la nécessaire simplification : **l'organisation de notre psychisme humain et les réactions de celui-ci à des stimuli extérieurs visent à satisfaire, en toutes circonstances, notre ego**. Il n'est pas jusque dans nos démarches à but caritatif où nous ne trouvions pas quelques satisfactions narcissiques à satisfaire ou quelques réparations salvatrices ou déculpabilisations dont nos inconscients éprouvent le besoin. De tels propos ne retirent rien aux qualités intrinsèques desdites œuvres. Ils soulignent simplement que rien de ce que nous faisons, pensons ou voulons, n'a pour autre souci, conscient ou non, que de nous satisfaire de quelque manière. En bref, disons qu'en toutes circonstances, même malheureuse, il nous faut y trouver notre compte[1]. Il n'est aucune occasion où ce phénomène ne soit objectivable. Les masochistes n'en sont pas exempts, eux qui se complaisent dans leur malheur ou tirent plaisir de leurs douleurs.

Bon, et la vente dans tout cela vous demandez-vous ? Sur le sujet, convenons que nos clients, comme nous-mêmes, ne sont pas affranchis de cette logique de la satisfaction de leur ego. Il n'est pas d'exemple que nos clients ne recherchent pas à satisfaire quelques désirs dans leurs achats, quelques attentes profondes à combler ou quelques bénéfices à dégager. Obtenir une décision favorable de leur part revient par conséquent à les convaincre que ce qui est recherché par eux sera bien au rendez-vous. Il n'est pas d'exemple qu'ils ne sacrifient à cette logique, cela sous réserve bien sûr de leurs possibilités budgétaires, ou encore qu'ils ne trouvent pas dans

---

1. Le lecteur intéressé par des développements sur ce sujet pourra se reporter à *Introduction à la psychanalyse* de S. Freud ou encore à *Trois essais sur la théorie de la sexualité* du même auteur.

une masochiste privation plus de plaisir que dans la consommation ou l'utilisation du bien ou service proposé. La conclusion de vente est une demande d'adhésion à cette logique du désir en vue de sa satisfaction. Autrement exprimé, pas de conclusion sans reconnaissance du désir !

Vous m'objecterez peut-être que le prix est un élément tellement déterminant qu'il est quelquefois difficile de dérouler le *process* complet d'entretien de vente sans que le problème du prix soit posé et fasse barrage à cette logique du désir. C'est pourquoi le judicieux choix du moment de l'annonce du prix, autrement dit du coût à acquitter par l'acheteur en contrepartie de sa satisfaction, est l'une des clefs de l'acceptation. Le prix est souvent l'unique barrière dressée par nos clients pour renoncer à apaiser leur désir et obéir à une autre logique, tout aussi contraignante, celle du « non ». Il n'en demeure pas moins que le sujet du prix s'aborde quand le client est d'accord sur le principe d'acheter mais souhaite réfléchir à la faisabilité budgétaire. Ce thème est si vaste que je lui ai consacré tout un livre dans lequel le lecteur trouvera toutes les méthodes et astuces pour vendre le prix et les conditions à ses clients[1].

La dialectique du NON et du OUI

Observons que, face à ses désirs ou à ses besoins, l'être humain est souvent partagé. **Satisfaire ou pas !** Toute une partie de lui-même est toujours prête à le faire et donc à acheter. S'ensuivent des attitudes positives qui vont dans le bon sens. Mais pour éviter que notre société ne soit que débâcles et débauches, l'être humain apprend, dès son plus jeune âge, à se retenir et à borner ses satisfactions. Cela explique qu'une autre partie de lui-même se trouve être négative et se refuse la satisfaction convoitée et partant l'achat. Autrement dit, très tôt nous apprenons à dire « non ». Les psychologues ont démontré que l'éducation sphinctérienne des jeunes enfants contribuait largement à conditionner et encadrer strictement la satisfaction de leurs « besoins ». Pour être plus clair, disons qu'il y a des heures et des lieux qui nous sont, dès le plus jeune âge, imposés

---

1. *Méthodes et astuces pour... faire accepter son prix à ses clients*, Paris, Éditions d'Organisation, 2010.

pour cela et si les conditions ne sont pas réunies, le renoncement est obligé. La crise du non chez le jeune enfant en est une des manifestations évidentes. L'affirmation de son *moi* passe par le non. Le jeune enfant nous fait connaître de cette manière qu'il est devenu un être sociable, par son aptitude à borner son désir et ceux des autres. S'établissent ainsi, au cours de notre enfance, des schémas et des associations qui s'inscrivent définitivement dans nos psychismes. Ces schémas et associations déterminent plus tard la gestion de beaucoup de désirs chez l'adulte, en ce que leurs satisfactions sont jugées, par lui, possibles ou impossibles et qu'il s'en autorise l'accès ou pas. Le « *non* » est ainsi devenu un préalable presque obligé au « *oui*[1] », comme la rétention est corollaire de l'expulsion.

Cette observation faite, revenons à notre problématique de conclusion. Étudions ensemble quelle incidence cette logique du « *non* » peut avoir sur les comportements, aussi bien côté clients que côté commerciaux.

Côté clients

Le NON fait partie de la logique de nos clients. Un dicton, que l'on prête aux Britanniques, l'exprime parfaitement : « *Si une lady vous dit non, cela veut dire peut-être. Si elle vous dit peut-être cela signifie oui. Si elle vous dit oui alors ce n'est pas une lady !* » Il en va de même de nos clients. Mes nombreuses années passées à vendre et à diriger des commerciaux me persuadent que nos clients, qu'ils soient hommes ou femmes, empruntent des attitudes de ladies au regard des propositions commerciales que nous leur faisons. Convenons que si nos prospects nous disaient spontanément oui, ils ne seraient pas des prospects mais déjà des utilisateurs de nos produits ou solutions. C'est parce qu'ils hésitent, parce qu'ils ignorent ou parce qu'ils refusent, qu'ils ont besoin de nous. Cette vérité, pour lapalissade qu'elle paraît être, est pourtant la clef de notre acceptation et de notre compréhension du « *non* » érigé en système par nos clients. Le travail de la vente

---

1. Si l'absence ou l'insuffisance de moyens est souvent la légitime raison avancée pour se refuser un achat, il n'en demeure pas moins que la fonction psychologique du « front du refus » est entièrement remplie...

revient à conduire ceux-ci à abandonner leur position naturelle de non-achat (qui signifie « *peut-être* ») pour celle, plus positive, du « *pourquoi pas ?* » qui veut dire d'accord, convainquez-moi. Tout se passe comme si, ayant à traverser une étendue d'eau d'une rive à l'autre, leurs dénégations étaient autant d'amarres qui les retenaient à l'embarcadère de départ. En bon marinier que nous devons être, c'est à nous autres, commerciaux, que revient le soin de barrer l'embarcation... Si nos clients étaient capables d'effectuer cette traversée eux-mêmes et de rejoindre par leurs propres moyens l'autre rive, notre métier y perdrait tout intérêt et nous, notre job ! En quoi consiste cette traversée du « *non* » au « *oui* » que les commerciaux doivent opérer pour compte d'autrui ? C'est justement de faire adhérer à cette vue positive des choses au point de les accepter puis de les désirer pour enfin les acheter.

Le rôle dévolu aux forces de vente est de rendre positive la partie négative de leurs clients. Pour cela, la seule raison ne saurait suffire à la tâche. Je veux dire que l'argument n'y suffit pas. Le soubassement psychologique appelle à une action plus subjective, qui joue sur le mental. De là, cette nécessité de n'utiliser aucune formulation qui risque d'entraîner des réactions négatives. De là aussi celle d'entraîner le client, à l'instar des mouvements visant à développer la musculation, à accomplir un travail d'acquiescement systématique bien connu des meilleurs vendeurs. L'acquéreur potentiel adoptera de cette manière une attitude positive. Pour reprendre la métaphore, chaque fois que notre interlocuteur prononcera un « *oui* », aussi modeste soit-il, c'est l'une des amarres, le retenant à l'embarcadère du *non-achat*, qui aura rompu. Chaque « *oui* » vaut accord et invitation à persévérer dans notre effort. Un coup de rame vers le succès. Le « *oui* » est comme une indication donnée au commercial. C'est la reconnaissance qu'il travaille dans le bon sens. Au fond, ces accords répétés sont comme un *satisfecit* délivré pour l'encourager. Ils sont comme les marches d'un escalier que le client franchit une à une, pas-à-pas, pour parvenir au sommet, sommet dont l'enjeu est le grand « *oui* » final[1]. Un grand « oui » final qui, par définition, ne

---

1. Ne retrouvons-nous pas, dans ce cheminement de l'accord pour finaliser la satisfaction du désir, les principes masculin-féminin de la relation de conquête, si souvent rencontrés et auxquels semblent décidément soumis les entretiens de vente ?

saurait être obtenu en un seul coup. Et cela est heureux car notre travail de vendeur serait, ici encore, réduit à néant ! Dans le même esprit, il faut épargner à nos clients toute attitude négative et éviter tout blocage. En ce sens, leur connaissance du prix avant qu'ils identifient leurs besoins, l'apprécient, le reconnaissent puis l'acceptent, est terriblement dangereuse. Elle renforce chez tout prospect ce que nous pourrions nommer, de façon quelque peu cynique, les défenses immunitaires qui s'opposent à son désir d'achat. Un système de défense que nos clients s'empressent de mettre en place en nous questionnant d'entrée de jeu sur les prix et conditions. Le leur refuser aimablement est de bonne guerre. Une formule sibylline et dilatoire du genre « *Je vais vous le préciser dans quelques instants et vous verrez que cet investissement est particulièrement attractif au regard des satisfactions que vous retirerez de ce que je vous propose* » suffira dans de nombreux cas à les faire patienter. Cette sage précaution vous permettra d'aborder le round de la négociation, fort d'un besoin ressenti et reconnu. Faute avouée est à moitié pardonnée dit-on. Gageons que, à besoin ressenti et admis, produit à moitié vendu !

Côté commercial

Les commerciaux ne sont pas exempts de cette dialectique du « *non* ». Comme nos clients, nous sommes les nécessaires victimes d'une éducation où le « *non* » l'emporte souvent sur le « *oui* ». Très tôt, dans la louable intention de nous apprendre à vivre en société, il nous a été appris (à nous aussi) à borner nos désirs et à percevoir les frontières du possible et de l'impossible. C'est pétris de cette éducation négative que nous abordons la lourde tâche de devoir obtenir un « *oui* » de nos clients. Dès lors, la façon que nous avons de gérer cette dialectique, du possible et de l'impossible, au cours de l'entretien de vente, est différente de celle de nos clients. Pour simplifier disons que les prospects sont par définition, par nature, dans le « *non* ». En refusant d'acheter, en exprimant des objections, en étant négatifs ou réticents, ils sont en harmonie avec eux-mêmes et avec leur éducation. Les choses pour eux sont simples parce qu'elles vont dans le même sens. Nous autres commerciaux avons, comme eux, le même culte inconscient et quasi génétique du « *non* ». Et pourtant nous devons convaincre, rendre positif et quelquefois combattre pour obtenir un « *oui* ». Nous montrer persuasifs, enthousiastes et convaincants est une attitude déterminante dans les résultats d'un entretien de vente. Nous voilà donc partagés entre le profond désir de décrocher le « *oui* » tant espéré de nos clients et cette espèce de connivence socio-éducative du « *non* » qui habite nos inconscients et que nous partageons avec eux. C'est probablement de là que proviennent nos si fréquentes et maladroites formulations néga-tives, aux effets dévastateurs, telles que « *Vous n'avez besoin de rien ?* » au lieu d'un positif « *Vous avez probablement besoin de...* », ou encore « *Ce ne serait pas mal, n'est-ce pas ?* » au lieu de « *Ce serait bien, vous êtes d'accord ?* ». Certains mots ou expressions véhiculent ainsi, à notre insu, une charge négative qui renforce nos clients dans leurs attitudes de refus. En revanche, pour peu que nous nous y obligions, l'emploi de certaines locutions transporte des charges aux avantages tangibles. Ces charges positives sont autant de micro conclusions qui conduisent nos interlocuteurs à adopter une vue réaliste des choses, et à envisager comme possible ce qui au départ leur paraissait impensable. Par exemple, consentir à parler d'un coût ou du prix des choses ou encore de dépenses les conforte dans leur position négative. Leur parler de la valeur de l'investissement qu'ils envisagent contribue à les en sortir. Dans le même esprit, certains adverbes comme *toujours* ou *jamais* ont souvent pour fâcheuse conséquence d'incliner au « *non* » celui que l'on sollicite. *A contrario*, les locutions *parfois* ou *quelquefois*, plus relatives, favorisent l'obtention d'un « *oui* ».

Nombreuses sont ainsi nos expressions et nos attitudes qui, si nous n'y prenons garde, véhiculent naturellement la négation qui habite nos inconscients. Nous entraîner à l'emploi de formula-tions positives et bannir le négativisme est gage d'accords facile-ment obtenus. D'une façon plus générale, nous pouvons observer que notre capacité à entraîner la conviction d'autrui dépend large-ment de facteurs psychiques plus larges et plus profonds encore. Des facteurs par lesquels transite notre *infracommunication* et que nous allons maintenant étudier.

◼◼◼◼◼ **Accordez vos désirs et vos propos**

Dans *Concevoir et piloter un plan d'actions commerciales*[1] je fais état des recherches menées par la psychanalyste suisse Germaine Guex à propos du comportement des individus dans leur quête d'affection auprès de leurs proches. Dans son ouvrage *La Névrose d'abandon*[2], celle-ci met au jour deux grands types comportementaux, dont les extrêmes sont à l'évidence pathologiques : « [...] *Le sujet en qui domine la rancune de ne pas avoir été aimé, que j'appellerais le type négatif/agressif, et celui qui, avant tout, recherche l'amour* [activement, N.D.L.R.], *que je nommerais le type positif/aimant.* » En clair, face à l'insatisfaction affective et au besoin légitime de combler ce manque, là où le positif/aimant s'active et met tout en œuvre pour obtenir et mériter l'affection d'autrui, le négatif/agressif, comme l'appellation l'indique, agit négativement, avec violence mais non sans quelque ingéniosité, pour atteindre le même but : recevoir des preuves d'affection. Ces deux attitudes sont aisément repérables chez beaucoup d'enfants. Parmi eux, certains ressentant le besoin d'affection de leurs proches, empruntent une démarche de séduction à leur égard afin d'obtenir ce qu'ils souhaitent, par exemple en réclamant des baisers de leurs parents. En un mot, ils demandent clairement et sans détour ce qu'ils désirent obtenir. D'autres *a contrario* font le choix de la colère et des pleurs... Ils optent pour une stratégie de rupture afin de soumettre leur entourage à un test d'amour, argue Germaine Guex. « *Toutefois*, explique-t-elle, *il ne faut pas perdre de vue que cette agressivité, si forte et si tenace soit-elle, n'a pas son but en elle-même et qu'elle constitue l'envers d'un besoin d'amour et de sécurité extrêmement intense.* » La preuve par l'épreuve, en quelque sorte. Plus tard, chez les adultes, ces réactions se retrouvent, cristallisées et enracinées. Elles expliquent, sans les justifier, des comportements affectifs pathologiques graves. Ainsi, dans des cas extrêmes, les négatifs/agressifs, par exemple, sombrent dans l'alcoolisme, nourrissant le secret espoir que leur entourage les plaigne et vienne à leur secours ou encore frappent leur conjoint, pour mettre à l'épreuve l'amour de

---

1. *Méthodes et astuces pour... Concevoir et piloter un plan d'actions commerciales*, Paris, Éditions d'Organisation, 2005.
2. *La Névrose d'abandon*, Germaine Guex, Presses universitaires de France, Paris, 1950.

celui-ci (et si je frappe plus fort se dit inconsciemment le négatif/agressif, m'aimera-t-elle encore ?). Ici encore c'est bien la quête de la preuve par la mise à l'épreuve !

Ce détour par la psychanalyse permet de décoder et d'expliquer, en partie, des attitudes similaires chez les commerciaux. Certains parmi eux empruntent des schémas négatifs/agressifs. Ils attendent que leurs clients prennent l'initiative de la décision finale d'achat. Ils vont jusqu'à inviter ceux-ci à réfléchir alors que leur désir d'obtenir leur accord est immense. Tout se passe comme si demander une commande leur était aussi difficile que d'embrasser leur conjoint ou d'exprimer une quelconque affection... D'autres, plus rares, sont d'espèce positifs/aimants. Ils expriment clairement leur désir à l'endroit de leurs clients. Avides d'obtenir une décision favorable de leurs interlocuteurs, ils savent naturellement et simplement la leur demander.

Soyez en accord avec vous-même. Mettez en harmonie vos désirs (obtenir les faveurs de vos clients) et vos propos. Apprenez à exprimer votre désir au cours de vos entretiens. Les commerciaux ressentent tant de bonheur quand ils ont une commande en poche. Soyez positif/aimant. Faites savoir à vos clients combien vous désirez leurs commandes !

Par exemple, chargé de clientèle dans une banque, apprenez à dire : « *Vous savez, je serais très heureux que vous me fassiez confiance pour le financement de votre projet immobilier.* » Ou encore : « *J'aimerais vous avoir pour client, que dois-je dire ou faire pour vous décider ?* » En bref, pour obtenir des *bisous*, le mieux est de les demander ! Beaucoup de clients ne savent pas les refuser. Devoir dire « *non* » est pénible à la plupart d'entre eux. Les faux-semblants du genre « *Je vais réfléchir* » ou « *Il faut que j'en parle à...* » n'ont pas d'autre explication. Il s'agit de manœuvres d'évitement qui visent tout à la fois à ne pas peiner le vendeur et à éviter de devoir opérer le deuil de son désir (« *Si je lui dis non, il ne s'intéressera plus à moi* » se disent-ils). La vérité est que *la crainte du refus* est aussi grande chez les clients que chez les vendeurs. Apprenez à surmonter votre crainte du refus et vous gagnerez là où beaucoup de négatifs/agressifs perdent.

▬▬▬▬▬▬ **Surmontez votre crainte du refus**

C'est parce que nous craignons d'échouer que nous échouons. C'est aussi parce que nous voulons réussir que nous réussissons. Crainte d'échec comme certitude de réussite se communiquent à nos interlocuteurs, par le jeu des phénomènes *d'introjection* et de *projection* décrits ci-dessus. Cette communication infrapsychique est, nous l'avons énoncé ci-dessus, vivement ressentie par nos clients et les conduit à faire leur nos inquiétudes tout autant que nos convictions.

Dans mon livre[1] je relate l'expérience de psychosociologues américains qui fut réalisée aux États-Unis. Pour démontrer la puissance de nos psychismes, ils eurent recours à 90 joueurs de basket. Ils leur demandèrent de tenter, à une distance de 7 mètres, des tirs au panier. Le score moyen de réussite ressortit, à cette distance, à 39 % pour les 90 joueurs considérés dans leur ensemble. Puis ils séparèrent les basketteurs et les répartirent en 3 groupes homogènes, capables d'atteindre, en moyenne, ce score de 39 %. Au premier groupe, ils demandèrent un entraînement de tir au panier durant une heure chaque jour pendant un mois. Le deuxième groupe fut privé de jeu durant le même mois. Les joueurs du troisième groupe furent astreints à s'entraîner mentalement. Leur entraînement consistait à s'imaginer marquer des paniers, à une distance de 8 mètres et cela en l'absence de tout ballon. Un mois plus tard, il fut demandé à chaque équipe de se livrer à nouveau à l'expérience de tirs au panier. Les résultats, hallucinants, dépassèrent les pronostics des psychologues. Le premier groupe, qui s'était entraîné, obtint un score de 40 %, démontrant ainsi les bienfaits d'un entraînement intensif. Le deuxième, dénué d'entraînement, régressa au score de 36 %. Le dernier enfin, mentalement rompu à marquer des paniers, fit passer le taux moyen de réussite de ses membres à 42 % ! C'est dire que non seulement l'entraînement augmente le potentiel de succès, mais que la part du mental dans cet entraînement est le meilleur vecteur de progrès. Développer l'image du succès est le meilleur et plus sûr ferment de la réussite !

---

1. Chez le même éditeur, *Faire accepter son prix à ses clients*, Paris, 3ème édition, 2010.

Autrement dit, préparez-vous à solliciter l'accord de vos clients avec force et conviction. Développez en vous l'image du succès, du gain ou de la victoire. Imaginez vos clients en train de vous dire « *oui* » ou prenant un stylo pour signer. Soyez certains de leur entière satisfaction et de leur immanquable reconnaissance. Ne laissez aucune place au doute. Vos clients ont besoin de vos certitudes pour se décider et renoncer au « *non* » qui les hante. Aidez-les ! Apprenez par cœur vos formules de conclusions afin de pouvoir les énoncer sans hésitation ni émotion. Entraînez-vous à dire : « Je suis certain que ce produit va vous satisfaire comme il a déjà satisfait mes autres clients », ou encore « *Allez ! Il vous faut surmonter vos réticences. Elles sont injustifiées. Dans quelques jours, je vous appellerai pour le seul plaisir de vous entendre me remercier de votre achat.* » Apprendre ces formules n'est pas la mer à boire. Elles augmenteront vos ventes dans des proportions que vous ne soupçonnez pas. À défaut de parvenir à les énoncer, il vous reste la possibilité de devenir comptable ou gendarme... Dans le premier cas vous compterez les points et dans le second vous en retirerez à loisir... Une seule chose est sûre : vous n'en marquerez plus !

Le principe du masculin/féminin dans la vente[1]

Une grande ambivalence caractérise le regard que nos cultures latines jettent sur les commerciaux. Par certains côtés, nous sommes considérés comme des gens intéressés, suspectés d'être des profiteurs, aux discours pleins d'arrière-pensées et dont il faut se garder, voire se méfier... En un mot, nous sommes en permanence soupçonnés de n'avoir de regard que sur le seul porte-monnaie de nos interlocuteurs ! Par d'autres côtés, notre travail est jugé essentiel pour éclairer nos clients au moment de leurs achats. J'en tiens pour preuve leur attitude lorsque par malheur ils sont accueillis dans un magasin par un vendeur qui ne s'intéresse pas suffisamment à eux pour les aider, par de judicieux conseils, à faire

---

1. Les comportements de séduction homme/femme, déclinés dans la vente, sont extrêmement efficaces pour comprendre, expliquer et résoudre de nombreuses difficultés rencontrées par ceux et celles qui vendent. Mon livre *Les commerciaux descendent de Cupidon et leurs clients de Vénus* (paru chez Maxima, Paris, 2008) est tout entier consacré à cette approche, en la forme de 20 leçons de séduction.

le bon choix. Ils s'en plaignent amèrement par des formules lapidaires du genre : « *Ils ne sont vraiment pas commerçants dans ce magasin !* » ou « Ils se moquent vraiment de leurs clients. » Quel comble ! Il nous est reproché tout à la fois d'être trop vendeur et de ne pas l'être assez.

Si on la regarde de plus près, une telle attitude n'est pas neutre. L'acheteur, en reprochant au vendeur d'être *à la fois trop et pas assez*, tient celui-ci à bonne distance. *Ni trop près*, pour ne pas l'avoir en permanence accroché à ses basques, *ni trop loin*, afin de ne pas le perdre en cas de besoin. Avec lui, il craint de devoir être mis dans l'obligation de dépenser. Sans lui il ne peut acheter sans courir le risque de se tromper. Le commercial est le catalogue vivant de son entreprise. Ses compétences sont incontournables pour qui veut acheter en toute sérénité. C'est un *remake* du passage du « *non* » au « *oui* » qui se joue ici à nouveau.

Cette espèce de jeu auquel se livrent commerciaux et clients n'est pas sans quelques analogies avec celui auquel hommes et femmes participent, depuis toujours, dans le cadre de leurs relations de séduction. Je veux dire que le sempiternel rôle dévolu socialement à l'homme est, selon le dicton, de *proposer* alors qu'il revient généralement à la femme de *disposer*. Il est vrai que nos sociétés sont aujourd'hui moins conservatrices et laissent plus de latitude aux femmes pour exprimer leurs désirs. Toutefois, autant que j'ai pu l'observer avec justesse, ces dernières ne semblent pas en abuser. Je veux dire qu'il est moins rare d'entendre des femmes parler des propositions qui leur ont été faites par des hommes, qu'entendre ces derniers évoquer avoir repoussé les assauts de femmes. Les affaires de viol ou d'abus sexuel ou encore de harcèlement qu'ont à connaître les tribunaux ne mettent-elles pas en cause majoritairement des hommes ? Quoi qu'il en soit, s'agissant de la conclusion de vente, il faut se rendre à l'évidence : clients et commerciaux obéissent, d'une certaine manière, au principe qui régit la relation homme/femme, masculin/féminin, actif/passif à propos de l'expression de leurs désirs respectifs. Disons qu'à la manière des hommes, il appartient traditionnellement aux commerciaux de conquérir et d'exprimer leur désir. Pour cela, de faire leur cour, de séduire, de faire rire, de plaire, de circonvenir, de faire montre de patience à l'endroit de ceux ou celles à qui ils désirent vendre. Aux clients revient le rôle de se laisser séduire, en dissimulant quelque peu leurs désirs, et de pouvoir apprécier se faire conquérir... Disons-le plus crûment, en espérant ne pas froisser la sensibilité de certains : le rôle de propositions, dévolu au commercial, est d'essence plutôt masculine. Celui d'avoir à disposer qui revient aux clients, les incline naturellement vers davantage de féminité. À ces derniers incombe en effet la nécessité de se rendre désirables et d'exciter les convoitises commerciales. C'est probablement cette dimension féminine, omniprésente chez tous les clients, qui explique que ceux-ci savent vanter, auprès de nous, l'importance de leurs achats annuels et nous faire ainsi miroiter des espoirs de futures commandes, nous faire patienter et obtenir de nous mille et une attentions. En bref, ils savent se faire désirer, se farder et revêtir leurs plus beaux atours comme le font si bien les femmes pour stimuler notre désir de conquête. Être désirés et désirables est presque aussi important pour nos clients que de désirer le produit ou service que nous voulons leur vendre. Ils font ainsi entendre aux commerciaux – qu'ils savent tenir à bonne distance – leur droit à un minimum de faveurs, d'égards et de peine. Autrement dit, nos clients attendent de notre part que nous leur fassions la cour... À défaut, nous ne saurions les *séduire* et les tenter. Il s'ensuit le rapide reproche de notre manque d'empressement. Ils dénoncent par là notre présumée absence de désir et de ne pas être ce qu'ils appellent « *commerçants* ». Partant, ils se montrent aisément sous un jour vindicatif... On n'est plus très loin d'une sorte de « dépit amoureux » !

En matière de conclusion, où conduisent ces observations sur cette dialectique masculin/féminin dans la relation de vente ? Tout simplement à devoir laisser s'exprimer la partie la plus masculine qui habite chacun de nous ; cela que nous soyons homme ou femme. Cette composante masculine se trouve à des degrés variables en nous tous. Elle nous assigne le devoir, dans la relation de vente, d'exprimer notre désir, d'obtenir l'accord de nos interlocuteurs, de leur faire part de nos espoirs de les compter bientôt parmi nos clients, de prendre plaisir à les satisfaire aussi. En clair, vous gagnerez en crédibilité en exprimant, en officialisant, votre désir de conclure un accord. C'est en ce sens qu'il faut apprendre à dire : « *Je suis venu dans l'espoir de vous compter parmi nos clients* » ou « *Vous savez, votre clientèle m'intéresse* » ou bien encore « *J'ai quelque chose de formidable à vous proposer* » ou de façon plus *soft* « *J'aimerais pouvoir vous persuader que ce que je vous propose là est la solution à votre problème* ». Vous observerez – plus souvent d'ailleurs chez les hommes que chez les femmes – quelques réactions émotionnelles telles que rougissements, ricanements ou recul physique qui trahiront, chez vos interlocuteurs, que la partie la plus féminine de leur être vient d'être à son tour sollicitée. Il m'a ainsi été donné de voir un client, haut responsable d'une grande banque, reculer en marchant en crabe jusqu'à son bureau... Véritable commandant en chef, redouté de tous ses collaborateurs, il était sans doute peu accoutumé à l'idée de susciter un désir...

Croyez-moi ! Surmontez vos réticences. Les formules qui transportent votre envie de conquête, vos espoirs de faveurs, sont les meilleures et les plus crédibles qui soient. Elles valent infiniment mieux que celles empruntées par de trop nombreux commerciaux qui détruisent leur image et sont soupçonnés d'arrière-pensées en faisant suivre leurs arguments d'un : « *Si je vous dis cela, ce n'est pas dans mon intérêt, mais dans le vôtre* » ou d'un « *C'est pour vous, pas pour moi* ». *Mon œil*, pense le client ! Et en plus je ne l'intéresse même pas...

Pour justes que puissent être ces considérations, il n'en demeure pas moins qu'exprimer notre désir de conquête à un client ne suffit certainement pas à obtenir son accord. Deux conditions infiniment plus importantes doivent y être associées pour parvenir à nos fins. La première est que son besoin d'achat soit reconnu par lui et pour ce faire qu'il lui soit révélé. La seconde, que son désir, pour passer à l'acte, soit stimulé ! Que ces conditions *sine qua non* soient recueillies et, comme par magie, ce sont nos clients qui dès lors prennent à leur charge le soin de conclure. Ce sera le propos de la première partie de ce livre : comment transférer la charge de la conclusion à nos clients !

Chapitre 2

POURQUOI ET COMMENT BÂTIR UN PROTOCOLE DE VENTE EFFICACE[1]

> «
>
> — *Alors, ta conquête, ça marche comme tu veux ?*
>
> — *Pas terrible ! En fait, je ne sais pas dans quel ordre faire avancer les choses.*
>
> — *L'ordonnancement c'est la clef du succès. Si les chirurgiens s'y prenaient comme les commerciaux, il y aurait à n'en pas douter des morts !*
>
> — *Et alors, que préconise Môsieur le Consultant ?*
>
> — *Relis Faust ! À en croire Goethe* « Celui qui se trompe de bouton en boutonnant sa veste, ne s'en aperçoit qu'en boutonnant le dernier. »
>
> — *Et alors ?*
>
> »

S'il arrive que vous n'osiez pas solliciter l'accord final d'un client ou prospect, c'est bien souvent faute d'avoir pris la peine de susciter son intérêt, son désir, et pour cela découvrir sa problématique. C'est en effet une lapalissade de reconnaître qu'un intérêt assez puissant suffit à tout quidam normalement constitué à se décider sans l'aide

---

1. Approfondissement recommandé : vidéo N° 2 – *Les 5 C du succès dans la vente* – Rubrique formation en ligne – www.forventor.fr

d'un commercial. De la résidence principale aux produits les plus élémentaires, nombreuses sont les circonstances dans lesquelles les acquéreurs d'un bien ou d'un service se décident seuls ou en famille sans que nul prétendu conseiller n'intervienne. Cette observation doit suffire à vous convaincre. Si un problème de Closing se pose à vous, c'est en raison d'une sorte de défaillance « logistique », d'un défaut de *process*. Faute d'enchaîner en bon ordre les diverses étapes qui conduisent votre interlocuteur à une décision favorable, la fin de l'entretien vous révèle votre insuccès, à l'image des derniers plis d'une partie de bridge.

À quoi sert un protocole de vente ?

À dire vrai la plupart des commerciaux mènent leurs entretiens de vente sans réelle préparation, au gré de leur humeur, ou encore se contentent de répondre aux questions des clients. Ils négligent souvent le besoin, l'attente, la préoccupation que les questions soulevées dissimulent. Certes, la connaissance technique des produits et des solutions est importante dans le processus de vente et beaucoup de vendeurs excellent à cette déballe. Mais elle ne saurait pallier l'absence de *process* pour découvrir le besoin du client, le lui faire reconnaître, l'inviter à le satisfaire. La présentation des produits et l'argumentation en aveugle des solutions règnent en maître. Les arguments tombent à plat tant ils sont éloignés des attentes et des préoccupations du client. Si l'on veut vendre une complémentaire santé en vue de réduire le « reste à charge » des patients, le mieux est sans nul doute de demander à l'intéressé que l'on souhaite convaincre d'évoquer ses soucis de santé, nous relater les « restes à charge » que ceux-ci entraînent pour lui et savoir s'il souhaite les amoindrir. Faire ressentir et reconnaître le besoin à un client potentiel est un préalable indispensable à toute proposition. À défaut, celle-ci, faite en aveugle, s'avère au final si impropre à le séduire que le Closing de fin est rendu impossible et l'entretien débouche sur le récurrent « *Je vais réfléchir* » ou l'illusoire « *Faites-moi une offre, un devis* ». Quel gâchis !

Vendre n'est pas un art mineur, contrairement à ce que l'on pense si sottement dans les pays latino-chrétiens. Cela nécessite un savoir-faire de haute technicité, associé à de nombreuses qualités que sont la rigueur d'esprit, la capacité d'écoute et de compréhension, une intelligence relationnelle développée, des aptitudes pédagogiques pour décliner les avantages et bénéfices de la solution à retenir, de la souplesse d'adaptation pour réagir avec bon sens, une disposition à convaincre et à persuader autrui, des talents de séducteur, une générosité certaine qui porte à s'intéresser aux autres, une capacité à s'imposer et pour finir de l'opiniâtreté avec un zeste de combativité. Ce sont toutes ses qualités que mon cabinet recherche dans les opérations de recrutement de commerciaux menées pour les entreprises clientes.

Si vous souhaitez faire monter à un très jeune enfant un escalier, deux possibilités s'offrent à vous. Premièrement, vous pouvez prendre dans vos bras le bambin et monter quatre à quatre les marches. Il se retrouvera en haut mais n'aura pas gravi lesdites marches. En vous armant de patience, il est possible de vous y prendre autrement. L'enfant, ses mains bien accrochées aux vôtres, peut gravir seul, une à une, les marches de l'escalier. Pour prix de son effort et du vôtre il aura intégré tout le processus de cette montée. En bref, il sera en haut et saura pourquoi ! Il vous faut montrer la même patience à vos clients. Il vous faut les aider à découvrir et admettre les solutions que vous leur proposez avantageusement. Découvrir leurs besoins vous est moins nécessaire qu'à eux-mêmes. C'est en travaillant dans ce sens que vous mériterez quelques chances de faire l'économie de la conclusion. L'objectif de cette découverte est de conclure sur son besoin et non sur votre produit. Je veux dire que le plus important est de « vendre » à vos interlocuteurs leurs besoins et l'intérêt à les satisfaire, et non pas vos produits.

Le Closing obéit en effet à une logique. C'est celle de l'aboutissement d'un protocole, une sorte de parcours obligé, au cours duquel vous faites franchir à votre prospect pas-à-pas les barrières et obstacles justifiant sa réticence ou légitimant son opposition. Il en vient à la fin de l'entretien, en toute raison, à ne pouvoir échapper à cette logique devenue sienne. À défaut de lui avoir fait gravir une à une les marches de cet escalier du désir, un problème de Closing se pose naturellement en bout de course. Le pilote, ayant omis de demander la piste d'atterrissage en service, pose son avion dans le champ voisin ou doit remettre « les gaz ». Le commercial qui pilote mal son entretien, qui ordonne mal ses divers propos, préfère convenir en fin de course d'un nouvel entretien, ou adresser une offre ou encore envoyer une documentation plutôt que de tenter une conclusion. En clair, faute de protocole, il n'a d'autre issue que de remettre les gaz !

Les 5 composants d'un protocole de vente efficace

L'entretien commercial est soumis à un grand nombre d'aléas. Un protocole de vente a pour vocation de définir par avance les divers propos à tenir à vos clients à chaque étape de l'entretien, cela en vue de réduire la part du hasard et des immanquables impondérables. Il se construit autour de 5 composants majeurs dont l'incontournable préparation est gage de réussite.

1 – Anticiper votre présentation personnelle et la valorisation de votre entreprise

Client et vendeur sont l'un et l'autre en terre inconnue. Le client méconnaît souvent votre entreprise, intègre mal votre fonction et vous soupçonne d'emblée d'être animé par un esprit de lucre. Côté vendeur, le client a le pouvoir du refus. Cette fin de non-recevoir émise par les adultes, qui enfant nous a souvent frustrés, confère au client une suprématie à résonance parentale. Formaliser par avance sa prise de contact pour emporter le « premier set » et prendre confiance pour mener à bien une partie souvent difficile est une vraie garantie de succès. S'apprivoiser mutuellement en faisant connaissance et valoriser l'image de son entreprise aux yeux du futur client est une première étape incontournable que prédéfinit un protocole de vente pertinent. Ici, chaque mot compte et tout propos doit être anticipé.

2 – Préparer la prise de pouvoir

Savoir s'emparer du volant ! Un entretien de vente doit être conduit par le commercial et non par le client. Faute de quoi, le protocole de vente que vous avez conçu resterait lettre morte. L'entretien se déroulerait de manière anarchique, au gré des interrogations et impulsions du client. Il en va d'un entretien de vente réussi comme d'un plat cuisiné. Le respect de l'ordonnancement des ingrédients et des temps de cuisson est l'une des clefs du succès. Pour ce faire, ayez en tête une élégante formule afin de soumettre avec diplomatie votre interlocuteur au respect de votre déroulé.

3 – Préméditer l'échange portant sur le besoin

Comprendre le besoin d'un client et le partager avec lui ne s'improvisent pas. Pour être efficace, votre protocole de vente doit prévoir un ensemble d'approches réunissant des questions et des arguments (portant sur le besoin, et non pas sur le produit). Les questions, préalablement définies visent aussi bien à comprendre le besoin qu'à permettre à l'interlocuteur d'accéder lui-même à une meilleure perception dudit besoin. Complémentairement aux questions, des arguments préétablis, portant sur le besoin, visent, quant à eux, à stimuler l'appétence d'achat chez votre interlocuteur. Ces approches (questions et argumentation besoins) sont bien évidemment à élaborer par avance en vue d'être distillées en bon ordre et au bon moment lors de vos entretiens.

4 – Roder vos diverses formules de Closing

Le Closing final résulte d'une séquence de Closing intermédiaire, sorte de clapets anti-retour, qui cristallisent l'avancement de la décision du client. Ainsi que nous venons de le repérer le premier Closing porte sur la prise de pouvoir. Sophistiquées et professionnelles, la description et la validation du déroulé d'entretien assurent une parfaite maîtrise de l'entretien. Plus simplement, une demande d'autorisation à poser des questions suffit à prendre le pouvoir. Prédéfinir vos formules de prise de pouvoir vous garantit le succès de cette étape. Vient ensuite le Closing besoin. Beaucoup plus puissant que la modeste reformulation, il vise, associé à cette dernière, à obtenir un engagement du client à satisfaire son besoin avant même que lui soit présentée une solution (voir plus loin cet important concept). Ici encore, il vous faut prévoir les formules qui conviennent afin de ne laisser aucune place à l'improvisation. Suit le Closing bénéfice, associé à la présentation des avantages de la solution. Viennent enfin vos formules de Closing final. Ce moment émotionnellement fort nécessite une prérédaction qui garantit à vos propos la fluidité et l'autorité de circonstance.

5 – Anticiper les bonnes réponses aux objections potentielles

Improviser une réponse hasardeuse aux objections est le plus sûr moyen d'échouer dans la vente. Un protocole bien conçu anticipe les objections potentielles des clients, en dresse l'inventaire et libelle les réponses adéquates en vue d'un traitement efficace pour chacune d'entre elles. Derrière une objection se dissimule un besoin. Prévoir la question à poser en réponse aux diverses objections, afin de révéler et comprendre le besoin est de bonne politique.

Le fil guide de votre protocole de vente

Véritable GPS de votre acte de vente, le schéma ci-après balisera votre route tout au long de vos entretiens. Conservez-le en mémoire. Il vous permettra aussi bien de repérer au cours de vos entretiens où vous en êtes afin de conduire votre client à prendre une décision positive que de faciliter votre autodiagnostic.

Quels bénéfices attendre d'un protocole de vente bien conçu ?

Dans mon livre *Savoir vendre ou mourir*[1] je rapporte que les dirigeants de Clair Azur, leader français en spas et hammams, ont eu durant la crise des années 2007-2009 dite des *subprimes*, à faire face à une baisse de fréquentation des showrooms. Plutôt que de réduire la voilure ils ont opté pour une hyper professionnalisation de l'acte de vente. Avec pour objectif de réaliser plus de ventes avec moins d'entrées, ils m'ont confié le soin de concevoir et rédiger avec leurs commerciaux un protocole de vente rigoureux. Centré sur le projet du client, les motivations qui le conduisent à envisager l'acquisition d'un spa et ses besoins en massages thérapeutiques (mal de dos, trouble du sommeil, jambes douloureuses, etc.), le protocole de vente a fait merveille bien au-delà de toute espérance. Son appropriation par chacun, un entraînement intensif à son respect, contrôlé par des clients mystères, a permis à l'AFNOR de délivrer à

---

1. « *Savoir vendre ou mourir* » Eyrolles, Paris, 2013.

Schéma global de l'entretien de vente

La technique du Closing

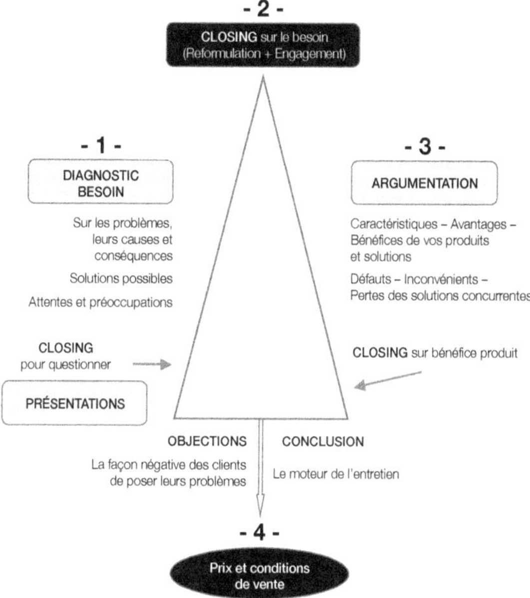

chacun des commerciaux la certification « *Interlocuteur commercial de confiance, excellent professionnel* ». En pleine crise, le taux de concrétisation des entrées magasins en bons de commande est passé de 7,2 % à 15,1 %.

En vérité, l'acte de vente est un acte quasi scientifique. Chez Forventor, nous n'avons pas d'exemple d'entreprise, quel que soit le secteur d'activité, ayant assujetti leurs commerciaux au respect rigoureux d'un *process* vente bien conçu, qui n'ait pas enregistré une croissance significative et immédiate de leurs ventes.

Chapitre 3

APPRENEZ À VALORISER VOTRE ENTREPRISE[1]

> — *Alors ?*
>
> — *Moyen, moyen ! En fait, je manque de crédibilité à ses yeux...*
>
> — *Ah ça, c'est ennuyeux ! Tu sais ce que disait Robert Mallet ?*
>
> — *C'est qui celui-là, un cousin de Goethe ?*
>
> — *Un géophysicien irlandais.*
>
> — *Et en drague, il s'y connaît ton géophysiii ?*
>
> — *En drague, je ne sais pas, mais en crédibilité certainement.*
>
> — *Et alors, que disait ton Celte ?*
>
> — *« L'indifférence que l'on suscite chez les autres est le pire moyen d'être apprécié d'eux. » Alors fais valoir ta différence, tes plus, et tu deviendras crédible.*
>
> — *Vas-y, développe...*

À l'heure de l'information universalisée, à la disposition de tous, n'importe quel quidam en surfant sur Internet découvre le produit ou la solution qui lui convient et cela au meilleur prix. En quelques clics,

---

1. Approfondissement recommandé : vidéo N° 3 – *Valoriser l'image de votre entreprise –* Rubrique formation en ligne – www.forventor.fr

il est aisé d'ouvrir un compte bancaire, d'adhérer à une mutuelle ou de se faire livrer sans délai le vélo d'appartement qui répond à son besoin et à son budget. En clair le produit est accessible à tous, sans peine ni obstacle. Ce phénomène contribue à tout banaliser. Les avantages et insuffisances des produits sont publiquement repérés et partagés. Le produit n'épate plus et le *waouh effect* est devenu une denrée de grande rareté. Il s'ensuit que l'image de marque fait désormais l'essentiel de la différence.

Valorisez l'image de votre entreprise et vous vendrez !

C'est par la marque, son image, ses attributs (les vertus prêtées) que des résonances émotionnelles, des chaînes de valeurs et associations d'idées se nouent dans les esprits des clients potentiels. Valoriser l'image de votre entreprise est donc un levier puissant dans la réussite de vos entretiens de vente et dans les négociations éventuelles à mener. C'est ce levier du succès qu'il vous faut actionner en début d'entretien. À défaut d'une marque forte, le prix devient le premier critère de choix pour le client. LVMH, Montblanc, Porsche, New Balance, Apple, Rolex et mille autres l'ont compris. Le développement d'une image valorisante, tant pour leurs produits que pour ceux qui les acquièrent, est le fondement de leur réussite commerciale. Cette stratégie relègue le prix à n'être plus qu'une composante de l'image, voire une assise de la crédibilité. Plus le prix est élevé, plus le produit est valorisé et le désir de son appropriation intensifié chez les clients.

Aussi connue soit-elle, l'organisation dont vous défendez les couleurs ne l'est pas immanquablement de tous vos prospects. Quand bien même le serait-elle, rien n'indique que votre interlocuteur dispose de toutes les informations concernant son poids économique et technique et les raisons pour lesquelles elle est parfaitement à même d'apporter des solutions pertinentes de nature à satisfaire ses besoins. Quand bien même votre interlocuteur prétend bien la connaître, il est hasardeux de faire l'impasse sur un bref exposé des points forts de votre organisation. En un mot, avant de vendre quoi que ce soit commencez par vanter les mérites de votre société et susciter son intérêt.

En pratique, comment valoriser votre entreprise

Pour asseoir efficacement la crédibilité de votre organisation, quelques chiffres suffisent en première intention. Chiffre d'affaires pour la taille, nombre d'années d'existence pour l'expérience et la pérennité, nombre d'agences pour la proximité, délai de livraison pour le service, norme ISO pour la qualité et le tour est joué. Quelques références dont vous pouvez légitimement vous enorgueillir compléteront utilement le tableau. Votre société est dès lors jugée crédible. Elle a conquis le droit de concourir. N'hésitez pas à utiliser des expressions telles que : « *Nous sommes les spécialistes de...* » ou « *Nous sommes le numéro 1 de...* » ou « *Cela fait plus de trente ans que nous maîtrisons parfaitement cette technologie et opérons sur ce marché...* » ou encore « *Nous sommes sans conteste l'un des premiers opérateurs dans ce domaine en Europe...* », « *Nous disposons de telle part de marché...* », etc. Vous éveillerez chez lui attention et intérêt. À défaut de réussir à lui vendre quoi que ce soit, admettons que pour le prix d'une visite, resteront bien ancrées en lui une bonne impression de votre entreprise et une vision plus claire et exacte que ne lui inculquerait une campagne de publicité de plusieurs millions d'euros !

La valorisation de l'image compte parmi les meilleurs contributeurs au succès commercial. skoda l'a compris. Dans mon livre *Savoir vendre ou mourir*[1] je rapporte que ce constructeur rencontrait des difficultés pour pénétrer le marché chinois, marché en pleine expansion dont la clientèle est très attachée aux marques et à la qualité de l'image. Pour surmonter ces blocages, les vendeurs skoda ont reçu instruction de mettre en avant, au cours de leurs entretiens de vente, la tradition industrielle de la Tchéquie, de faire valoir son expérience industrielle très renommée, enviée par le monde entier et ainsi de façonner *ex abrupto* une image de grande qualité en matière automobile dans l'esprit néophyte des Chinois. Les ventes de skoda en Chine ont tout bonnement explosé depuis 2010.

Et si, me direz-vous, vous appartenez à une entreprise qui n'est ni leader de son marché ni très connue ou ancienne, comment

---

1. *Op. cit.*

procéder ? Cette question est souvent posée en séminaire. Cherchez bien. Il y a certainement une réalisation dont vous êtes particulièrement fier qui peut être présentée à vos prospects. Quelquefois, des mots justes et pertinents suffisent à convaincre. Si vous n'êtes pas *connu*, dites que vous êtes *reconnu* par vos clients et vos confrères comme le fournisseur le plus *ceci* ou le moins *cela*. Et songez à rapporter la preuve de votre compétence et de votre efficacité. Les références font merveille et vous permettront de susciter cette nécessaire crédibilité sans laquelle rien n'est possible.

Ultime conseil : soyez bref et percutant ! Au-delà de trois minutes, vous lassez immanquablement votre interlocuteur. Pour vous en convaincre, imaginez l'impact sur l'audimat d'une publicité télévisée d'une telle durée...

Les 7 leviers d'une présentation attractive

1 – Montrez qu'il y a une vraie organisation derrière vous

De nos jours, les restaurants tendance ont des cuisines ouvertes et visibles par leurs clients. L'intérêt est de mettre en exergue une vraie organisation, des équipements modernes et une brigade de cuisiniers très professionnels, à l'hygiène irréprochable, qui se démènent pour satisfaire les papilles des convives. Pour votre organisation, faites de même. Montrez, démontrez et exposez. Tout cela de manière synthétique et puissante.

2 – Mettez en évidence l'expertise de votre organisation

Il en va de la crédibilité de votre entreprise aux yeux de votre interlocuteur. En quoi l'expertise de celle-ci est-elle supérieure à celle de vos concurrents ? Cette légitime question, omniprésente à l'esprit de celui qui s'apprête à arbitrer entre deux fournisseurs, doit impérativement trouver une réponse favorable.

3 – Grandissez votre organisation le plus avantageusement possible

Embellir n'est pas mentir ! Point n'est besoin de s'appeler Capgemini et se prévaloir de 193 000 employés dans le monde pour être crédible et vendre des prestations informatiques. Nombreuses sont les SSII qui ne peuvent justifier que d'une quarantaine de salariés. Observons qu'être salarié n'est autre qu'un statut parmi d'autres. En intégrant les autres statuts (BIC, BNC, entrepreneur individuel) qui justifient de missions régulières exécutées pour le compte de votre entreprise, il est infiniment plus propice et astucieux d'avancer que votre équipe compte 450 ingénieurs informaticiens.

4 – Donnez du sens à votre entreprise et une raison d'être

À l'occasion d'un séminaire portant sur la construction de leur protocole de vente, j'ai sollicité les participants, tous ingénieurs commerciaux, pour expliciter la présentation de leur société. Je ne fus pas surpris de les entendre faire valoir avec fierté les sempiternels poncifs débités en réponse. Unanimement, ils avancèrent que leur entreprise comptait parmi les leaders français de la machine-outil, qu'elle existait depuis soixante ans, qu'elle employait 180 personnes et opérait dans 70 pays dans le monde. Non sans quelques arrière-pensées malicieuses, je leur ai demandé si leur entreprise serait significativement diminuée aux yeux de leurs interlocuteurs si elle ne justifiait que de 90 salariés, limitait ses ventes aux 27 pays européens et ne pouvait se prévaloir que de vingt années d'existence. Tous convinrent que cela ne diminuerait en rien l'image de leur société. Je les interrogeai ensuite sur la raison d'être profonde de leur entreprise, de quoi pouvaient-ils s'enorgueillir et ce qui la démarquait significativement de ses concurrents. Après quelques plaisanteries d'usage chez les commerciaux, il ressortit d'une réflexion intensive que leur point fort était de disposer d'un centre de recherche qui travaillait sans relâche sur deux axes majeurs : 1) permettre aux entreprises clientes de gagner en productivité et ainsi augmenter leur compétitivité face à leurs concurrents ; 2) réduire les risques d'accidents de celles et ceux qui opèrent sur leurs machines. Le tour était joué ; il ne nous restait qu'à rédiger ensemble la nouvelle présentation de leur entreprise. Sans renoncer aux éléments chiffrés énoncés ci-dessus, ils ajoutent désormais avec succès : « *Le point dont nous sommes le plus fier chez D... est de disposer d'un bureau d'études et d'un centre de recherche qui travaillent sans relâche pour innover afin de permettre d'une part à nos machines de vous faire gagner en productivité, en compétitivité, et d'autre part d'améliorer le confort et la sécurité au travail de vos ouvriers et techniciens. Ce sont certainement ces deux points unanimement reconnus par nos clients qui assurent notre leadership en France et nous valent d'équiper des usines dans plus de 70 pays dans le monde, depuis soixante ans. »*

Sachez exposer les plus de votre entreprise et vous vendrez ! Ne dites pas que vous êtes un organisme de formation, mais une organisation centrée sur l'efficience et l'amélioration de la performance au travail. N'avancez pas que vous êtes une mutuelle mais une chaîne de solidarité face aux conséquences financières d'un souci de santé. Ne prétendez pas que vous mettez à disposition des ingénieurs informaticiens mais que vous portez les projets informatiques de vos clients et participez activement à l'amélioration de leur efficacité et à leurs succès.

Donner du sens à son métier et à son entreprise est la valeur la plus motivante, pour soi et son client.

5 – Présentez de belles documentations

Dans nos cultures judéo-chrétiennes l'écrit reste la preuve tangible de votre matérialité commerciale. Il donne véracité à votre offre, la matérialise et lui décerne un brevet de probité. Votre site Internet, si clair et attractif soit-il, ne se substitue pas à l'écrit. L'imprimé vaut contrat et engagement. Une documentation attractive, expressive et explicite, même sommaire, remise en fin d'entretien est l'une des 7 clefs de la crédibilité.

6 – Soignez la forme : propreté, habillement, rangement, luminosité…

Il s'agit là d'un truisme. Je ne puis pourtant pas ici faire l'économie d'un bref exposé, tant l'accompagnement des commerciaux en clientèle dans le cadre de missions de coaching me convainc que cet aspect est perfectible. Nos grands-parents désignaient notre métier par le vocable « représentant ». Cette appellation, perdue dans la nuit des temps, indique sans détour le sens premier de la mission commerciale : représenter. Être convenablement habillé, pour séduire et subjuguer un tantinet, est le minimum auquel un bon professionnel de la vente doit sacrifier. Ajoutons la nécessaire synchronisation par laquelle votre vis-à-vis se retrouve en vous, véritable sauf-conduit pour vous faire agréer. Dans la banque et l'assurance, la cravate est de mise ; dans l'agriculture elle est sans conteste contre-productive. Ajoutons qu'un bureau bien rangé et un accueil très éclairé et professionnel viennent utilement conforter la crédibilité de vos propos.

7 – Apportez autant que possible la preuve de vos dires

Le doute est le pire ennemi du commercial. L'étiquette de beau parleur, composante incontournable de l'image des commerciaux, nous porte un préjudice certain. Elle entache nos dires d'imman-quables soupçons. La preuve endigue cette suspicion ; elle donne poids et véracité à vos allégations. De nombreuses entreprises proposent des produits de grande qualité mais n'en rapportent pas la preuve. La communication publicitaire, le marketing viral, les blogs Internet, les normes ISO 9001 et NF d'AFNOR, la démonstra-tion, l'essayage, les références clients sont autant de médias pour prouver et asseoir la crédibilité de votre organisation.

**Concevez, autour de 3 ou 4 points forts,
la présentation en quelques mots de votre organisation**

1°	– – –
2°	– – –
3°	– – –
4°	– – –

SACHEZ GAGNER LA CONFIANCE DE VOS INTERLOCUTEURS[1]

> — *J'ai fait comme tu m'as dit, j'ai assis ma crédibilité.*
>
> — *Et alors, tu as pu avancer dans tes plans ?*
>
> — *J'ai l'impression qu'il me manque quelque chose.*
>
> — *Une case ?*
>
> — *Arrête... Je n'obtiens tout simplement pas sa confiance.*
>
> — *Ça c'est une autre affaire. Confiance et crédibilité sont deux choses distinctes. Un avocat peut être crédible ; mais est-il digne de confiance ? Tu vois, tu vois ?*
>
> — *Subtil, explique !*

Quand et pourquoi se pose la question de la confiance ?

Le problème de la confiance se pose dès qu'un intérêt, quel qu'il soit, est en jeu. Sans intérêt sous-jacent la question ne fait pas surface. Si vous souhaitez confier la garde d'une importante somme d'argent, vous rechercherez spontanément la personne au sein de votre entourage la plus infaillible et sur laquelle vous pouvez le plus

---

1. Approfondissement recommandé : vidéo N° 4 – *Comment obtenir la confiance d'un client* – Rubrique formation en ligne – www.forventor.fr

compter. Mais cette question « *Puis-je lui faire confiance ?* » ne se pose qu'en raison de la nécessité de confier cette somme d'argent. Plus l'enjeu pour votre interlocuteur est de taille, plus intensément se pose pour lui le problème de savoir à qui faire confiance. Plus aussi sa méfiance s'éveillera au moindre soupçon. C'est dire qu'obtenir la confiance de vos clients est un facteur clef de succès dans la vente. Ajoutons que le fait que votre entreprise soit rendue crédible par sa taille, ses capacités technologiques, sa notoriété, ne la rend pas *ipso facto* digne de confiance. La crédibilité renvoie à la « capacité de livrer la chose promise » ; la confiance, quant à elle, sonde la volonté de tenir la promesse. La première prend racine dans l'expertise et le savoir-faire, l'autre dans l'intégrité et l'honnêteté.

Convenons que toute décision d'achat est un enjeu d'importance pour un client. La question de confiance se pose immanquablement et se doit de trouver réponse. Sept leviers favorisent l'obtention de la confiance d'autrui. Examinons-les.

Les 7 leviers pour obtenir la confiance d'autrui

La prise de contact avec son interlocuteur est un moment privilégié dans la relation de vente. À cet instant, l'attention des deux protagonistes est la plus aiguë. Concentration et intérêt sont portés à leur maximum. Une occasion unique de marquer des points ou… d'en perdre. N'est-ce pas un vieux dicton qui nous rappelle que « *La première impression est souvent la bonne* » ? Alors ne doutez pas de l'intérêt de soigner « *la toute, toute, première fois* » et particulièrement votre arrivée et votre présentation. Faites-en sorte d'imprégner votre prospect d'une image positive. Image qui demeurera durant l'entretien et perdurera au-delà dans sa mémoire. À ceux qui en doutent, je les renvoie à ce qu'ils ont déjà probablement entendu, dans leur entreprise, suite au passage d'un commercial fournisseur : « *J'ai été démarché par un commercial de la société je-ne-sais-plus-comment. Ce qu'il propose n'était pas inintéressant. J'ai oublié son nom. Qu'est-ce que j'ai fait de sa carte… ?* ». La vérité est que le commercial est le premier produit de l'entreprise…

1 – Faites connaissance

Lorsque votre téléphone sonne, la première question qui se pose à vous est sans nul doute « *Qui est-ce ?* ». Celle ou celui qui partage votre vie, observant votre échange téléphonique, ne fera pas davantage l'économie de cette question à votre endroit : « *Qui était-ce ?* ». Une telle œcuménicité d'interrogations suffit à entraîner la conviction de devoir se présenter, sans délai. La nature a horreur du vide. À défaut de sacrifier à cet exercice, votre interlocuteur n'aura de cesse de s'interroger. Plus encore, sans écho à sa légitime question, gageons qu'il y apportera une réponse ambiguë voire nébuleuse, fort éloignée de la réalité et de l'image que vous souhaitez inspirer.

2 – Parlez de vous et de votre rôle

Ne laissez pas votre interlocuteur se forger par lui-même une image de votre fonction. Elle ne pourrait qu'être réduite à celle de simple vendeur. La pire qui soit ! Soyez prêt à décrire votre job au sein de votre organisation. Une minute suffit pour asseoir votre professionnalisme et inspirer confiance. Entraînez-vous à dire « *Je m'appelle A. R...., je suis ingénieur commercial chez X... J'ai en charge le secteur du centre de la France et la responsabilité du développement du portefeuille de clients de ce secteur auprès des industries incorporant des engrenages dans leurs process de production, dans leurs équipements ou leurs produits livrés à leurs propres clients. Ma mission est large. Je vous en dis deux mots. Elle vise dans un premier temps à conquérir de nouveaux clients. Au-delà de cette conquête, ma mission est de vous aider dans la réalisation des projets qui incorporent des engrenages, de vous apporter le complément d'expertise dont vous auriez besoin en matière d'engrenages, à assurer le lien entre notre bureau d'études et le vôtre, de régler tout problème éventuel, bien improbable, lié à l'exécution de votre commande. Au final je me dois d'entretenir avec vous une relation à long terme fondée sur la confiance. Un dernier mot important ; dans notre organisation c'est moi qui garantis votre entière satisfaction.* »

3 – Exprimez votre désir d'obtenir une décision favorable

Ne trichez pas. Évitez de démarrer vos entretiens par un mensonge. Pour obtenir la confiance de votre interlocuteur affirmez-vous d'emblée comme un commercial désireux de convaincre et de vendre. Exprimez votre désir de conquête ! Il est peu d'êtres humains qui ne soient pas sensibles à l'intérêt qu'on leur porte. Votre prospect est de la même essence. De nombreux commerciaux commettent ce faux pas. Ils se prétendent conseillers ou pire encore développent des périphrases contre-productives telles que « *Si je vous dis cela, c'est pour vous* » ou encore se défendent de tout intéressement. « *Mon œil* » se dit le client, toujours prompt à se méfier des vendeurs baratineurs. Adoptez la Closing attitude ! Annoncez l'objectif de votre visite : convaincre votre interlocuteur de devenir votre client. Vous donnez ainsi d'entrée de jeu le change et vous situez la rencontre dans sa dimension énergétique de conquête, décrite plus haut : « *Je suis venu vous voir dans l'espoir de vous convaincre de compter parmi nos très nombreux clients* » ou « *Je me dois de vous faire une confidence. Cela fait longtemps que je désire vous avoir comme client...* » ou encore « *Je voudrais vous faire apprécier les nombreux services que ma société peut vous rendre* » ou enfin « *La clientèle de votre entreprise est un enjeu important pour la mienne. Je suis venu tenter de vous convaincre de l'intérêt réciproque de travailler ensemble* ». Essayez et vous serez surpris de l'efficacité du propos. En pratiquant de la sorte, vous obtiendrez et mériterez la confiance de vos interlocuteurs. Si vous trouvez que le chemin de la confiance est difficile, essayez celui de la méfiance !

4 – Soyez très souriant, regardez bien en face

Gare au regard ! Il en dit long. Pour s'en convaincre, il suffit de s'attarder quelques instants sur le sens de l'expression « *Je ne peux pas le voir !* ». Les expressions populaires véhiculent un sens inné de la psychologie. Les difficultés à regarder au fond des yeux votre interlocuteur trahissent votre désamour. Une autre expression « *Je n'aime pas son regard* » persuade plus encore que la confiance passe par le sourire et un regard franc.

5 – Personnalisez la relation avec votre client et recherchez des points communs

Faites-vous connaître sur le plan humain. Abordez des sujets non professionnels. Si les circonstances s'y prêtent et que l'occasion se présente faites-vous appeler par votre prénom ; les plus hardis testeront furtivement le tutoiement (certains clients vous inviteront à persévérer). Tout ce qui réduit la distance avec votre interlocuteur contribue à vous « rapprocher ». Intéressez-vous à sa vie personnelle. Tirez profit des photos qui trônent sur le bureau ou que l'on aperçoit en page d'accueil du téléphone portable. Elles sont porteuses d'affects pour votre client. Manipulation pensez-vous ? Amour de son prochain vous répliquerai-je. Être un bon commercial commande de l'altruisme et de la générosité relationnelle. Sympathisez et vous vendrez !

6 – Synchronisez-vous

Fondement de la programmation neuro-linguistique, la synchronisation vise à ce qu'autrui se retrouve en vous. Mêmes goûts, même ton, même posture, ce procédé caméléon fait merveille. Gai avec quelqu'un d'enjoué, rigoureux avec un interlocuteur austère, disert avec les bavards, laconique avec les silencieux, fondez-vous dans votre vis-à-vis. Dans le même esprit évitez les désaccords et tentez d'admettre les points de vue de vos clients en vertu du vieil adage *« le client a toujours raison »*.

7 – Faites-vous certifier « Interlocuteur commercial de confiance »

À l'image de la norme qualité ISO 9001 qui certifie à la clientèle des entreprises la satisfaction en termes de qualité produits et/ou de services, la certification ISO 17024 « Interlocuteur de confiance, excellent professionnel » garantit à vos interlocuteurs que vous êtes un commercial digne de confiance. Au-delà de combattre le cliché du « vendeur baratineur, voire voleur », vous affirmerez votre différence. Vous intégrerez la chaîne de satisfaction client de votre entreprise en vous engageant, par voie d'affichage, au strict respect de 5 engagements majeurs :

> bien comprendre le point de vue du client, ses souhaits et ses attentes ;

> lui proposer au juste prix, le produit (ou la solution) qui lui donnera satisfaction ;

> l'éclairer avec sincérité sur les performances réelles du produit convoité et son bon usage ;

> lui faire bénéficier de votre expérience afin qu'il puisse prendre la bonne décision ;
> intercéder en faveur du client au sein de votre organisation, en cas d'insatisfaction.

**Présentez-vous et décrivez
votre fonction en quelques mots
(2 à 3 points au maximum)**

1°	– –
2°	– –
3°	– –

Crédibilité bien assise et confiance obtenue sont les deux passe-ports de la réussite de vos entretiens commerciaux. Afin de les conserver précieusement, il est désormais nécessaire de vous intéresser aux besoins de votre prospect, objet de notre prochain chapitre.

Chapitre 5

CONCENTREZ VOS ENTRETIENS DANS LA SEULE LOGIQUE DU BESOIN À SATISFAIRE[1]

> **"**
>
> — *Alors ? Où en es-tu, mon Mouton Enragé ?*
>
> — *Je ne sais pas comment démarrer. Comment t'y prendrais-tu, toi, Môsieur le Consultant ?*
>
> — *Comme un commercial ! Je dis souvent en séminaire que l'art de la vente se résume en une phrase...*
>
> — *Et c'est ?*
>
> — *« Voyons ce qu'il veut entendre, que je puisse le lui dire ! »*
>
> — *Tu veux dire que je dois écouter et non parler ?*
>
> — *Parfaitement ! Il faut plus d'oreille que de langue au bon vendeur.*
>
> — *Et pourquoi ?*
>
> — *Pour te couler dans le moule, pardi !*
>
> **"**

Comment s'y prendre pour développer un intérêt pour l'achat et faire tomber, un à un, les blocages d'un client ? Tout simplement, en quittant votre bulle dans laquelle règnent en maître vos produits et

---

1. Approfondissement recommandé sur le site www.forventor.fr, Rubrique formation en ligne : Vidéo N° 6 – *Découvrir et stimuler un besoin chez un client* – Vidéo N° 7 – *Les questions qui font vendre.*

leurs avantages, pour entrer dans la bulle de l'autre, celui que vous voulez convaincre, et vous concentrer sur les 4 aspects suivants :

> faire s'exprimer difficultés et problèmes que rencontre votre client et pour lesquels vous disposez de solutions pertinentes ;

> découvrir ses attentes et préoccupations profondes ;

> concevoir une reformulation du besoin mis au jour ;

> comprendre le pourquoi de ses objections et de ses blocages.

Examinons cette façon de procéder et voyons comment conduire vos interlocuteurs à prendre en charge eux-mêmes le Closing. Auparavant, consacrons quelques instants à comprendre ce qu'est un besoin et de quoi il se compose.

Les 3 composantes du besoin chez un client

S'il est un point sur lequel les commerciaux sont unanimes c'est bien sûr celui de la nécessité d'analyser le besoin de leurs clients. Je suis, en revanche, souvent frappé par l'inobservance de cette règle, pourtant reconnue de tous. Par exemple, en séminaire de vente, les participants se livrent à des jeux de rôles Acheteur/Vendeur. Je constate fréquemment que l'étape de l'analyse du besoin par un questionnement approfondi est délibérément occultée. Ou encore, quand je fais du coaching de commerciaux en clientèle, je suis stupéfait de constater que quelques minutes (ou quelquefois secondes) d'échanges sur le besoin, suffisent à contenter la plupart des vendeurs. L'explication avancée dans ce cas est que le besoin est évident, tant du côté de leur produit que du côté de leur client.

Côté produit, tout se passe au fond comme s'ils pensaient qu'un lecteur enregistreur était uniquement fait pour enregistrer ou visionner des émissions, une caméra pour ne filmer que des souvenirs ou enfin le logiciel qu'ils ont à vendre ne saurait être convoité par son acquéreur que pour gagner en productivité ou en temps.

Côté client, la seule présence de celui-ci devant eux constitue, à leurs yeux, une reconnaissance suffisante de l'intérêt porté à leur produit. Reste donc, pensent les vendeurs, à présenter celui-ci avec force et conviction en n'omettant aucun argument susceptible de séduire. Et les voilà dans la déballe !

Cette observation permet de mieux comprendre l'origine des difficultés de Closing rencontrées par la plupart des commerciaux. À défaut de travailler suffisamment sérieusement sur la problématique de leurs interlocuteurs, ils occultent un aspect fondamental qui fait défaut au moment du Closing : **la reconnaissance du besoin** !

Mais qu'est-ce qu'un besoin ?

Il existe de nombreuses définitions du besoin. Pour les uns, c'est un manque, pour les autres, un désir inassouvi. La plus célèbre définition du besoin, pont aux ânes des étudiants en marketing, est certainement celle de la pyramide de Maslow. Une moins connue, mais plus opérante pour nous autres commerciaux, se présente sous la forme d'une équation aussi simple que pertinente :

Besoin = Situation rêvée par votre client
– Situation actuelle vécue par lui

Autrement dit, au terme de cette équation, si un prospect dispose de tout ce à quoi il peut rêver, passez votre chemin, il n'y a rien à lui vendre !

De quoi se compose un besoin ?

Un besoin se compose de deux ingrédients et d'une solution. Les ingrédients, ce sont :

> d'une part, une somme de problèmes ou difficultés qu'un client rencontre ;

> d'autre part, des attentes et préoccupations profondes qu'il cherche à satisfaire.

La solution (ou les solutions) est constituée des produits ou services que nous souhaitons lui vendre, et dont il envisage peu ou prou l'achat.

Convenons que si un client n'a pas conscience de son problème il ne ressent aucun besoin. La perception de problèmes ne suffit toutefois pas. Faut-il encore qu'il soit motivé pour le surmonter. Pour faire face à une surcharge pondérale, par exemple, il est nécessaire d'avoir conscience de son excès de poids et désirer un corps de rêve !

À en croire les prospects qui nous reçoivent aussi bien que ceux qui téléphonent ou viennent à nous, l'expression de leur besoin se résume, le plus souvent, à l'évocation d'un seul de ces trois ingrédients : la recherche d'une solution. Probablement pour se défendre de toute dépendance à l'égard du vendeur ou de s'assurer la maîtrise de l'entretien, peu parmi eux ont l'humilité de parler spontanément de leurs problèmes ainsi que de leurs attentes et préoccupations profondes. Par analogie avec la consultation d'un médecin, ce serait des patients qui ne diraient pas ce dont ils souffrent, mais indiqueraient plutôt la nature des médicaments qu'ils entendent absorber ! Ce faisant, ils réduiraient le rôle du prescripteur à celui d'un simple rédacteur d'ordonnances... Une telle attitude, qui épargne le monde médical, est hélas (pour nous) résolument empruntée par nos clients !

Par exemple, en matière de vente de solutions informatiques pour les forces de vente, les clients ne reconnaissent pas qu'ils ont un problème d'organisation administrative de leur force de vente, mais préfèrent déclarer rechercher un logiciel qui fasse ceci ou cela pour leurs commerciaux. De même, ils diront à leur agence de voyages souhaiter partir à la Martinique et non qu'ils ont besoin de repos et recherchent un endroit pas trop éloigné, ensoleillé, dépaysant et dans lequel leurs enfants pourront être pris en charge par des animateurs... C'est dire l'opinion qu'ils se font du diagnostic que nous pouvons faire et de ce que, nous autres commerciaux, pouvons leur apporter !

Gagnez la bataille de la verticalisation

À l'aune de ce comportement partagé par de nombreux clients, on comprend mieux que ceux-ci commencent leurs entretiens en sollicitant une documentation et un tarif, comme pour faire écho à la vision réductrice que peuvent avoir les vendeurs du besoin de celui qui achète. Cette façon de procéder, repérée par les commerciaux expérimentés, est moins anodine qu'il n'y paraît. En pratiquant de la sorte, les clients se lancent dans une sourde bataille.

Bataille que beaucoup de vendeurs perdent sans même la mener, faute d'en avoir pris conscience. Ils répondent benoîtement aux questions du client sur les produits visés, et lui en indiquent les prix, les éventuelles conditions de vente puis remettent la documentation demandée, sans sourciller ni même ciller. Médecins, ils consentiraient à parler à leurs patients médicaments, potions et non douleurs ni symptômes !

Une stagiaire, souffrant en séminaire d'une céphalée, m'a révélé cette bataille feutrée qui se trame derrière ce mode opératoire de la plupart des clients... Cette participante, plutôt que de demander si l'un d'entre nous disposait d'un cachet d'aspirine, préféra demander à la cantonade s'il se trouvait dans les locaux une boîte à pharmacie. La question de cette stagiaire était lourde de sens. En optant pour la recherche d'une boîte à pharmacie et en évitant de prononcer le nom du médicament recherché, elle dissimulait aux participants l'objet de sa souffrance. Demander de l'aspirine revenait à avouer son mal de tête. Elle ne rendait ainsi de compte à personne et restait parfaitement maîtresse du jeu.

Vos clients pratiquent de même. Pour éviter de « s'inférioriser », pour conserver leur liberté, préserver leur pouvoir et éviter que vous ayez prise sur eux, ils dissimulent souvent le produit recherché en quémandant un catalogue, un tarif, l'adresse du site Internet, etc.

À défaut de documentation, ils vous invitent à leur présenter le produit ou la solution. En matière d'emprunt bancaire, ils préfèrent parler durée du prêt ou taux d'intérêt que de demander à leur banquier comment faire pour acheter la maison dont ils rêvent alors qu'ils n'ont pas assez d'argent. Ils préfèrent solliciter leur mutuelle santé pour connaître sa participation aux dépassements d'honoraires plutôt que de demander au conseiller qui les reçoit comment faire pour s'offrir les compétences des meilleurs chirurgiens...

On comprend mieux dès lors ce que j'appelle la bataille de la « *verticalisation* », enjeu de pouvoir sous-jacent à la plupart des entretiens de vente. Le schéma ci-après l'explicite clairement.

Les clients tentent de *verticaliser* par le haut en amenant le vendeur à parler de ses solutions et en tentant d'obtenir un catalogue (de solutions ou de produits), en sollicitant un devis, une offre ou encore

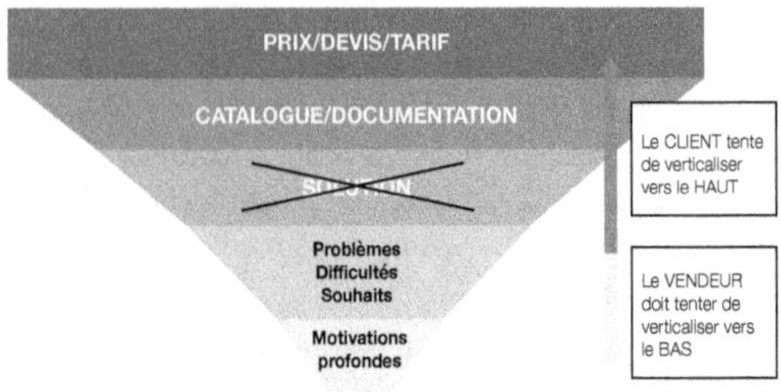

l'adresse du site Internet de l'entreprise. Répondre à ces sollicitations revient, pour nous autres commerciaux, à perdre tout pouvoir. Muni de la solution, de la documentation la concernant et de son prix, le client est maître du jeu. Il se décidera peut-être à acheter, mais vous n'aurez pas vendu. Vous aurez empoché une commande, mais vous y serez pour bien peu de chose !

Alors comment s'y prendre pour mettre au jour et faire admettre le besoin par un client qui s'évertue à penser solutions ? La chose est plus simple qu'il n'y paraît. La méthode pour ce faire résout la plupart des problèmes de Closing.

Trois règles d'or pour révéler un besoin et le faire admettre à vos clients :

> mettez au point votre stratégie de questionnement ;

> travaillez sur les problèmes/difficultés de vos clients et non sur vos produits ;

> comprenez les attentes et préoccupations profondes de vos clients.

Mettez au point votre stratégie de questionnement

Pour questionner efficacement il suffit de se référer à l'équation fondamentale du besoin citée ci-avant : Besoin = situation idéale rêvée – situation actuelle vécue.

Autrement dit, commencez par faire le tour de la situation actuelle de votre client, celle qu'il vit. Tout particulièrement, faites-lui révéler ce qu'elle recèle de satisfactions et d'insatisfactions. Insistez principalement sur l'objet de son mécontentement, de ses craintes ou encore de ses sources de déplaisir qui en ressortent...

Prenons l'exemple d'un client qui se fournit chez l'un de vos concurrents. Cela est sa situation actuelle. Un état bien provisoire, puisque vous vous chargez de le faire changer...

Pour vous en donner les arguments, n'hésitez pas à lui demander quel est son fournisseur actuel : en est-il content ? Qu'apprécie-t-il principalement chez lui ? S'il pouvait changer ou améliorer quelque chose dans le système actuel que ferait-il ? Quelles autres critiques a-t-il à formuler ? Etc. En bref, vous lui demanderez quels sont les points qui, dans ses approvisionnements actuels, lui donnent satisfaction, puis de vous dire quels sont ceux qui sont susceptibles d'être améliorés.

Utilisez l'astuce de la baguette magique. Beaucoup de critiques restent muettes en raison du sentiment de ne pouvoir les corriger ou les surmonter. Nos clients n'osent pas rêver à voix haute. Probablement par souci de réalisme ou pour éviter d'être taxés de doux rêveurs... La baguette magique est une invitation à se laisser porter dans un monde où tout serait possible. « *Si vous disposiez d'une baguette magique, quelles sont les trois choses que vous amélioreriez dans vos approvisionnements actuels ?* »

Analyser la situation d'un client, l'aider à préciser son besoin, nécessite un long et minutieux questionnement. Savoir poser les bonnes questions est à la découverte du besoin ce que la filature efficace est à l'enquête. La chose est d'importance. Sans doute est-ce la raison qui conduit les auteurs à multiplier les ouvrages. Ceux-ci s'attachent à définir et proposer des systèmes de questionnement sophistiqués. La même raison justifie le temps passé à former les forces de vente à développer des questions ouvertes, semi-ouvertes, fermées, etc.

Pour ma part, j'observerais simplement que l'expérience conduit à penser qu'il en va de l'apprentissage du questionnement comme de celui de descendre un escalier. Si, pour descendre un escalier, on commence à se demander quels sont les muscles et les neurones qui entrent en action, ceux qui doivent demeurer inertes et comment coordonner tous les gestes nécessaires pour descendre, une chose est sûre, on arrivera en bas, mais en vrac !

La communication nécessite **spontanéité, souplesse et authenticité**. Réfléchir à l'opportunité de poser une question ouverte de préférence à une question fermée fait perdre toute crédibilité au discours et à celui qui le tient.

C'est pourquoi je préconise une approche plus pragmatique.

Elle se fonde sur deux principes :

> le premier est de privilégier des schémas de questionnement très simples, pour en garantir la parfaite maîtrise et par là, la fluidité du discours ;

> le second est de préparer une trame de questions pour en aucun cas devoir improviser celles-ci devant votre client. Trois raisons militent en cette faveur :

  – La première est que la préparation rend les deux protagonistes, le vendeur et son client, inégaux devant l'échange... L'impréparation revient à renoncer et à perdre cet immense avantage sur votre interlocuteur.

  – La deuxième réside dans la complexité du problème. Les situations rencontrées par les clients sont extrêmement variables, riches et diverses. Le questionnement vise à vous permettre de transformer un problème posé en solution offerte par nos produits ; à l'image du médecin qui pose des questions pour administrer une médication afin d'enrayer la maladie de son patient. Or, ces questions ne sont pas le fruit de son imaginaire. Elles sont construites. Elles résultent d'un apprentissage long et méthodique que l'on appelle études de médecine et sont sous-tendues par l'intuition des maladies possibles dont souffre son patient.

  – La troisième est d'ordre tactique. Les questions sont le préalable à tout bon argumentaire. Elles vous révèlent à quels arguments faire appel pour démontrer à votre interlocuteur que vos produits répondent parfaitement à ses besoins. Autrement dit, partez des vertus de l'arsenal de médications dont vous disposez (vos produits ou solutions) pour examiner dans quelle mesure l'une d'entre elles est adaptée à la pathologie de votre vis-à-vis. Cette investigation est trop importante pour être improvisée.

Pour toutes ces raisons, concevoir votre stratégie de questionnement s'impose. Cette stratégie vise à mettre la main sur un problème, une difficulté, un souhait ou encore une attente, une préoccupation chez votre interlocuteur. Pour ce faire, nous l'avons vu, il vous faut investiguer sur la situation actuelle vécue par votre client et celle qu'il rêve de vivre. Comprendre ce qu'il cherche à obtenir ou à résoudre. Afin de vous donner un maximum de chances d'aboutir à vos fins, vos questions porteront sur cinq domaines. Ces cinq domaines permettent de cerner la problématique d'ensemble de votre futur client :

> ses points de vue et ses rêves ;

> les faits contextuels de sa situation actuelle ;

> l'origine (les causes) des difficultés qu'il rencontre ;

> les conséquences qu'elles entraînent pour lui ;

> les buts et actions que votre interlocuteur envisage.

Questions sur les points de vue et les rêves

Que veut-il ? Que cherche-t-il ? De quoi rêve-t-il ? Pour le savoir, une première série de questions **éclaire les opinions de votre interlocuteur**. Autrement dit, il s'agit de savoir ce qu'il pense, de hiérarchiser **ses préférences**, s'il est pour ou contre telle ou telle chose, connaître ses grands principes de vie, ce qu'il aime et rejette. En bref, recueillir son avis en tout point susceptible de vous éclairer et de vous aider à bâtir votre argumentaire. Les questions commençant par « *Que pensez-vous de...* », « *Quel est votre avis...* », ou « *Pourquoi à votre sens ?* » y concourent. En résumé, ce sont les questions propres à mettre au jour **les modes de raisonnement**, à comprendre les systèmes de valeur, les références culturelles de l'individu, ses attentes, **ses blocages**, ce qu'il admire, ce qu'il réprouve, etc. Grâce à elles, vous connaîtrez son goût pour les couleurs, pour les formes et **ses modes de raisonnement**. Vous apprécierez s'il a besoin d'un achat représentatif, de nature à le mettre en valeur, ou au contraire, s'il est d'espèce plutôt modeste et peu démonstrative. Avez-vous affaire à un introverti ou un extraverti ? S'agit-il d'un leader ou d'un suiveur ? Etc.

Par exemple, en matière bancaire, demandez à votre prospect : *« Qu'attendez-vous de votre chargé de clientèle ? Qu'est-ce qu'une bonne banque selon vous ? »* C'est au travers de toutes ses réponses que vous saurez où vous mettez les pieds. Les opinions de l'intéressé mises au grand jour vont indubitablement vous rendre plus à même de lui offrir la solution, le produit, le modèle qui convient et qui, sans nul doute, le satisfera au mieux.

Questions sur la situation actuelle

« Et aujourd'hui, comment cela se passe avec votre chargé de clientèle ? avec votre banque ? Racontez-moi... » Une deuxième série de questions portera **sur les faits**. Ici, il s'agit d'élucider ce que les psychologues appellent le **principe de réalité** auquel sont soumis le vendeur et son client. Ces questions visent à **cerner la situation actuelle du client**, les règles et obligations auxquelles il est soumis. Les faits sont tout ce qui a un caractère réel, tangible et/ou quantifiable. Les réponses matérialisent concrètement le contexte dans lequel se trouve notre client. Toutes les questions commençant par combien, quand, qui, où, sont des questions dont les réponses sont concrètes et objectives. Elles visent donc à permettre de définir les situations et sont particulièrement bien adaptées à cerner la situation actuelle. *« De combien disposez-vous ? De quelle place avez-vous besoin ? Quand cela vous sera-t-il nécessaire ? Quelles dimensions souhaitez-vous ? Dans quelles circonstances en aurez-vous besoin ? Combien de fois l'utiliserez-vous ? »*

Vos questions portant sur les rêves et sur le vécu actuel doivent, en bonne logique, mettre au jour un problème, un souhait, une difficulté ressentie par votre client. Comment, en pratique, approfondir cette donnée pour en tirer tous les enseignements nécessaires à la préconisation pertinente d'un produit ou d'une solution satisfaisante pour votre interlocuteur ? Chacun d'entre nous, lorsqu'il s'intéresse un tant soit peu aux autres (amis, famille), trouve spontanément en lui la bonne stratégie de questionnement. Nous savons naturellement « creuser » et comprendre les tenants et aboutissants d'un problème que rencontre un être qui nous est cher. Un modeste exemple suffit à s'en convaincre.

Votre meilleur ami vous annonce sa décision surprenante de divorcer. Abasourdi, vos premières questions porteront sur les causes de cette étonnante nouvelle : « *Pourquoi ? Qu'est-ce qui se passe ? Depuis quand cela couve-t-il ?, etc.* » Une fois ces informations obtenues, une deuxième série de questions vous viendra à l'esprit. Point n'est en effet besoin d'avoir suivi une formation au questionnement pour solliciter votre ami sur les conséquences qu'ont pour lui, ses enfants, sa maison, sa vie, cette décision de divorce. Une fois cet aspect examiné, vous serez amené en dernière intention à mettre au jour les buts et actions de votre ami : « *Que vas-tu faire maintenant ? Comment imagines-tu l'avenir désormais ?, etc.* »

Convenons que si l'amitié et les sentiments vous conduisent à trouver aisément les bonnes questions à poser à un être cher dans la peine, c'est que vous vous intéressez à lui. Alors, soyez aussi généreux avec vos clients que vous l'êtes avec vos relations et vous trouverez aisément en vous les bonnes questions à poser pour les mieux comprendre !

1. Des questions sur les causes ;

2. Des questions sur les conséquences ;

3. Des questions portant sur les buts (et actions) visés.

Développons cela.

Questions sur les causes

Un problème mis au jour, une difficulté soulevée, une troisième série de questions porte alors sur **les causes**. Elles font apparaître la logique des choses, leur origine, leur enchaînement et ce qui les motive : « *Racontez-moi comment ça s'est passé ? Pourquoi cela est-il arrivé ? Comment cela se fait-il ? Comment expliquez-vous cela ? D'où cela vient-il ? Qu'est-ce qui a provoqué cela ?* »

Sont recherchées ici, l'origine du besoin, son explication, sa logique.

Questions sur les conséquences

Pièces maîtresses de votre future argumentation, viennent ensuite les questions sur les **conséquences qu'a pour votre client la difficulté dont il vous parle**. Ce sont toutes les questions telles que : *« Quelles conséquences ont ceci ou cela ? Cela entraîne quoi pour vous ? Est-ce ennuyeux ? Est-ce important ? Que se passe-t-il si… ? »* Cette série de questions va pouvoir permettre d'établir quels sont les bénéfices qui seraient retirés par l'acheteur si son besoin était satisfait, et de connaître les conséquences et les points d'insatisfaction en cas de non-achat.

C'est toujours un plaisir pour moi d'être entrepris par un bon vendeur. Cela m'est arrivé récemment chez BMW. Il m'en a coûté une voiture neuve ! J'étais pourtant l'heureux propriétaire d'une automobile à laquelle j'étais sentimentalement attaché. J'envisageais vaguement l'opportunité de la changer, cela en raison d'un kilométrage important et d'un nouveau garage, plus étroit que le précédent, m'obligeant à de fastidieuses et délicates manœuvres. Mais rien ne pressait. Quelques questions assassines suffirent pourtant à emporter ma décision : *« Votre voiture a 190 000 kilomètres. Que se passerait-il si un matin, alors que des commerciaux vous attendent pour un séminaire, vous tombiez en panne ? »* (question sur les conséquences). Je confessai que ce serait une catastrophe professionnelle de 8 sur l'échelle de Richter. Il me fit développer faisant mine de s'étonner de ma réponse. *« Que faites-vous pour vous prémunir contre cette éventualité ? »* J'avouai partir la veille au soir afin de dormir sur place et éviter ainsi tout problème (question sur les causes). *« Vous arrive-t-il d'animer des séminaires le lundi matin ? »* (question sur les faits). *« Si je vous ai bien compris, vous partez dans ce cas le dimanche soir, n'est-ce pas ? »* (question sur les conséquences). *« Et cela ne vous ennuie pas de partir le dimanche soir ? »* (question sur les points de vue). Je dus reconnaître que ce n'était pas drôle : *« Puis-je vous poser une dernière question ? Dites-moi franchement, si votre voiture était très récente, partiriez-vous la veille ? »* (question sur les conséquences). J'avouai que non, sachant avoir livré tous les arguments pour me faire exécuter. Ce qu'il fit, pour mon plus grand plaisir…

Questions sur les buts et actions

Pour finir, vient la nécessité de découvrir également les buts de la personne que l'on cherche à satisfaire. C'est l'objet de la cinquième salve de questions. Elles précisent les objectifs, les attentes et les espoirs : « *Pourquoi faites-vous cela ? Qu'en attendez-vous ? Qu'espérez-vous ? Dans quels buts ?* », etc.

Reste enfin une ultime étape : apprécier l'effort que votre interlocuteur est disposé à faire pour améliorer sa situation, mettre fin à ses points d'insatisfaction et accéder aux bénéfices que recèle votre offre. De nombreuses personnes se plaignent de douleur, disent devoir se faire opérer, mais refusent d'aller à l'hôpital ! C'est cet effort que votre client va devoir mettre en balance avec les bénéfices qu'il espère retirer d'une amélioration de sa situation. Parmi ces efforts, citons pêle-mêle un supplément de prix à acquitter, la rupture avec de confortables habitudes engendrées par le changement de fournisseurs, une modification de technologie (toujours problématique), l'adaptation à un produit nouveau, etc. Pour évaluer parfaitement cet effort, le mieux est certainement de lui demander de l'apprécier lui-même. « *Quelles difficultés un changement de fournisseur entraînerait pour vous ? Consentiriez-vous, en contrepartie d'un délai plus court, à acquitter un supplément de prix ?* », etc.

**Pour mettre au jour les problèmes et difficultés rencontrés
par vos clients et prospects et leur faire reconnaître leur besoin,
quelles questions allez-vous leur poser ?**

Questions sur la situation actuelle	Causes, conséquences, buts et actions

Questions sur la situation rêvée	Causes, conséquences, buts et actions

Travaillez sur les problèmes et difficultés de vos clients et non sur vos solutions

Nous avons développé plus haut l'enjeu de la verticalisation et convenu que l'intérêt des clients se portait naturellement vers le prix et le produit convoité, plutôt que sur l'aveu des mobiles qui les conduisent à s'y intéresser. Commencez par refuser les solutions avancées par votre vis-à-vis et entraînez-le sur votre terrain, celui de la résolution de ses problèmes et difficultés. L'enjeu est d'importance. À un client qui dispose d'une solution à ses problèmes, vous n'avez pas grand-chose à faire valoir. Votre pouvoir est amputé de sa principale source de puissance : la préconisation. Les médecins ne parlent pas médicaments mais douleurs. Les grandes surfaces l'ont bien compris. Elles ont sélectionné un panel d'articles suffisamment simples pour se passer des services de vendeurs. Leurs clients choisissent librement pour se nourrir, boire ou se vêtir.

Ce sont dans les capacités de vos produits, vos prestations ou vos systèmes, à régler les problèmes et difficultés de vos interlocuteurs que vous puisez votre réel ascendant sur ceux-ci. Sur ce terrain-là, le commercial est fort et campe sur des positions solides. Conduire à l'instar d'un médecin, votre client (votre patient) à évoquer toutes ses misères, misères dont vos produits peuvent le guérir, est certainement la stratégie la plus efficace pour vendre ! En pratiquant de la sorte, vous résolvez toutes vos difficultés de Closing. L'art de la vente réside dans cette capacité à obtenir de vos interlocuteurs qu'ils vous indiquent où ils ont mal, qu'ils le reconnaissent et consentent à vouloir en guérir !

Améliorez la pertinence de vos questions

Une fois mise en œuvre l'approche globale du besoin (développée plus haut), vous pouvez rendre incisives vos questions et leur donner plus de pertinence.

Travailler comme un médecin

Ne parlez pas médicament avant d'avoir parlé douleur et désir de guérir à vos clients, vous serez ainsi plus PROCHE, plus HUMAIN, plus PERTINENT

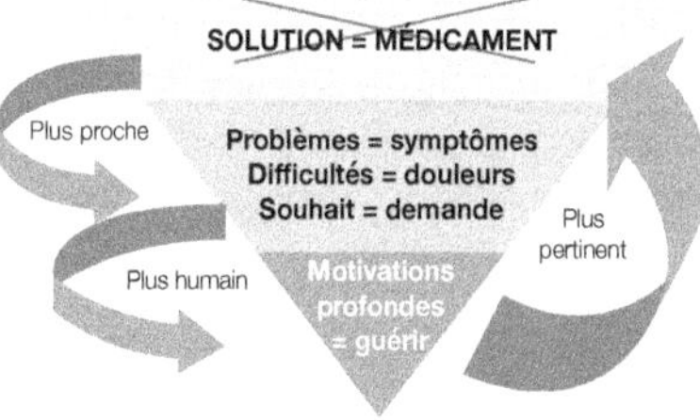

Quelques questions subsidiaires, portant sur l'investigation approfondie des problèmes auxquels votre client n'avait pas songé, vont le subjuguer et asseoir définitivement votre expertise. Pour les repérer il vous faut mener une réflexion sur lesdits problèmes et difficultés que résolvent concrètement vos produits ou solutions. Vous en déduirez ensuite les questions spécifiques à soulever. L'exemple de l'option « chambre individuelle », dans le cadre d'une complémentaire santé, permet d'illustrer mon propos.

Commençons par rechercher les problèmes résolus par une chambre individuelle pour son occupant :

1. Préserver son intimité au moment des soins et ne pas à avoir à partager une salle de bains et des toilettes avec un inconnu.

2. Favoriser son repos menacé par des visites voisines intempestives.

3. Protéger son sommeil, susceptible d'être troublé par le ronflement du voisin ou par ses insomnies.

4. Ne pas à avoir à partager une télévision avec quelqu'un dont les goûts diffèrent.

Partant de ces inconforts que surmonte l'option de la chambre individuelle, il est aisé d'en déduire les questions qui font vendre ladite option à votre client :

1. Est-il attaché au respect de son intimité ?

2. Supporte-t-il le bruit, les rires et les cris des enfants lorsqu'il est souffrant ?

3. A-t-il le sommeil léger ? Est-il sensible aux ronflements ?

4. Comment les choses se passent-elles chez lui pour le partage de la télévision ?

Toutes les questions étroitement corrélées aux problèmes que résout votre produit, suffiront à convaincre les plus hésitants tout à la fois de votre sérieux et de devoir accepter votre prescription sans rechigner !

Préparez des questions spécifiques sur les problèmes que vos produits/solutions résolvent

Solutions à vendre	Problèmes résolus	Question à poser
Chambre individuelle en cas d'hospitalisation	1. Manque d'intimité pour les soins et la toilette.	> Êtes-vous prêt à partager une salle de bains, des toilettes avec un inconnu ?
	2. Envahissement de l'espace physique et sensoriel.	> Êtes-vous gêné par l'indiscrétion et le bruit ?

Solutions à vendre	Problèmes résolus	Question à poser
	3. Sommeil léger.	> Avez-vous le sommeil léger ?
	4. Partage de la télévision.	> Chez vous, comment les choses se passent-elles pour le choix des programmes de télévision ?

Comprenez les attentes et préoccupations profondes de vos clients

J'ai en mémoire avoir rencontré un gestionnaire de portefeuille appartenant à une grande société d'assurances. Sa compagnie l'avait dépêché pour me présenter ses différents produits financiers afin de me persuader de lui confier en gestion le produit de la vente d'un bien immobilier que je venais de réaliser. Ce fut un véritable catalogue vivant auquel j'eus affaire. Il me récita, avec conviction, la totalité des produits financiers offerts par sa compagnie. Je l'entendis parler, une demi-heure durant, de pourcentages, de durées, de pénalités, de frais de gestion, de droits d'entrée et de frais de sortie, de coûts de dossier, de liquidités, de taux bruts, de taux nets et de taux actuariels, etc. À aucun moment il ne m'a demandé ce que j'attendais d'un placement, quel était mon métier, comment j'envisageais un jour ma retraite et ce que j'avais mis en place pour cela. Il aurait mis au jour facilement ma préoccupation profonde, partagée par tous ceux qui, la quarantaine passée, craignent l'insuffisance des régimes de retraite. Il s'agissait tout simplement de répondre à mon attente ultime par une proposition qui prenne en compte ma préoccupation d'un complément de retraite, le moment venu...

Mettre au jour les besoins d'un client ne suffit souvent pas à le convaincre. Ce travail d'éclairage accompli et l'accord sur la formulation de son besoin obtenu, il apparaît quelquefois une sorte d'incohérence chez notre interlocuteur. Tout se passe comme si le besoin, validé et reconnu par lui, n'était pas réellement ressenti. Nos arguments semblent tomber à plat et n'enregistrer qu'un faible écho.

Disons qu'un obstacle empêche le basculement vers la recherche de la satisfaction. La vérité est que nous avons, comme déposés au plus profond de nous-mêmes, un certain nombre de désirs, d'inclinations, d'envies ou de simples exigences qui participent au premier chef à notre décision d'achat. Dans le même esprit, des blocages, des préoccupations, des inquiétudes, de la culpabilité, ou encore toutes autres choses peuvent, à l'inverse, inhiber nos décisions ou les ralentir. Ces choses, assignées à résidence dans les tréfonds de nos consciences, sont comme des pulsions et écueils immergés que seul le regard vigilant et averti détecte. Je les appelle **les attentes et préoccupations profondes** du client. Elles constituent, en quelque sorte, le système *motivationnel* qui fonde, explique et justifie nos décisions. Les découvrir pour y répondre, et à tout le moins les prendre en compte, constitue l'ultime examen auquel le commercial doit se sacrifier avant de suggérer LA solution qui donne satisfaction.

Que sont les attentes profondes ?

Les attentes profondes d'un client sont les raisons essentielles, les « pourquoi », qui conditionnent sa décision d'achat. Autrement dit, c'est son mobile ou encore ce qui répond à ses préoccupations ultimes et particulières. Peter Drücker, économiste renommé, l'exprime merveilleusement par ces mots : « *Ce que nous achètent nos clients, c'est rarement ce que l'on croit leur vendre.* » Pour illustrer mon propos quelques exemples vaudront mieux qu'un long discours. Qu'achète au fond des choses l'acquéreur d'une Ferrari ? Probablement moins une voiture qu'un instrument de représentation sociale ou de... séduction. En vous promenant chez les pépiniéristes, vous n'avez aucun mal à vous rendre à une évidence : les pépiniéristes tarifient notre impatience. Ce que vendent en effet ces producteurs de verdure ce n'est pas tant de la décoration, des plantes, du bien-être ou de la beauté, **mais du temps**. Ce qui sépare un sachet de graines de quelques euros et un arbuste de trois mètres d'une valeur de deux cents euros, ce n'est rien d'autre que du temps, à part un peu d'eau et beaucoup de patience ! Force est de reconnaître que ce que nous leur achetons est un « *degré d'immédiateté* » dont le prix est soigneusement calculé pour chaque variété.

Vous remarquerez que nombreuses sont les entreprises qui répondent aux besoins de leurs clients en leur vendant du temps : les magasins Talons minute ou Clefs minute, les chaînes d'optique qui taillent et montent vos verres de lunettes en une heure, les fabricants de plats cuisinés, les sociétés d'autoroute, Internet... Le temps gagné est mis en exergue comme argument de vente. Et le yaourt à 0 % de matières grasses que nous consommons, les assurances auxquelles nous souscrivons, les parfums que nous achetons pour nous-mêmes ou pour les autres, quelles attentes profondes véhiculent-ils ?

Et les produits de votre entreprise ?

Interrogez-vous sur ce que vos clients vous achètent réellement au plus profond de leur subconscient au travers de vos produits. Le découvrir conditionne leur vente.

Et les préoccupations, quel rôle jouent-elles ?

Si les attentes de nos clients correspondent au *pourquoi* de leur désir, les préoccupations quant à elles s'attachent au *comment*. Comment nos clients entendent-ils régler leurs problèmes et surmonter leurs difficultés ou satisfaire leur besoin ? Quelles inquiétudes peuvent être les leurs ? Quelles figures nous imposent-ils pour prendre leur décision ? Sur quel point entendent-ils être rassurés ? C'est à toutes ces questions qu'il nous faut trouver réponses pour mettre au jour les préoccupations profondes de nos clients.

En voici une illustration.

Le cabinet Forventor mène des missions d'*outplacement*. Nous apprenons à des cadres recherchant un emploi, à moins se positionner comme demandeurs d'emploi que comme vendeurs de leurs compétences, des compétences dont ont besoin leurs interlocuteurs (chefs d'entreprise, recruteurs, etc.) pour résoudre les difficultés qu'ils connaissent.

Dans ce cas de figure, les préoccupations de leurs futurs employeurs (le comment) prennent le pas sur les attentes (le pourquoi).

Les inquiétudes sur l'intégration, la compatibilité des caractères, la capacité à intégrer la culture maison ou encore la répartition des pouvoirs et des territoires, la preuve de l'efficacité et la rentabilité de la création d'un emploi sont des préoccupations légitimes et dominantes.

En quoi attentes et préoccupations aident-elles à transférer le Closing à la charge de vos clients ?

Que cela soit en tant que commercial ou en qualité d'acheteur, nous cherchons toujours à satisfaire en nous quelque chose de profond. Il peut s'agir aussi bien de craintes, de besoin de tranquillité, de paresse, de sécurité, d'orgueil, de désir, de pitié, de jalousie, de gain de temps ou d'argent, de confort, d'éthique, que de reconnaissance, de déculpabilisation, de souci de se faire valoir, d'asseoir son pouvoir ou encore de définir un territoire. Tout ce fatras participe aux attentes ou préoccupations profondes que nous rencontrons le plus fréquemment chez nos interlocuteurs. Leur nombre n'a d'égal que la complexité des méandres opérés par nos psychismes !

Voilà le vendeur élevé à la dignité de psychanalyste. Au-delà de l'analyse première et élémentaire des besoins de ses clients, il doit, pour convaincre, se montrer capable de découvrir le *background* de ses interlocuteurs et trouver le fil conducteur de leurs motivations profondes pour en faire des acheteurs heureux parce que satisfaits. Nombreux sont ainsi les réticences, blocages ou freins que nous observons chez les acheteurs alors que leur besoin (en tant que problèmes et solutions possibles) est clairement défini. La rationalité ne triomphe pas spontanément.

Cela peut être simplement, chez certains hommes, l'accord de l'épouse qu'ils appellent de leurs vœux. Quand ce n'est pas l'argent. Tout achat est en effet budgétivore. L'achat d'un produit est souvent effectué au mépris d'un autre qui, faute de budget, devra être délaissé. Quelquefois c'est la culpabilité qui fait ravage. Cela peut conduire le client potentiel d'un bien ou d'un service à préférer un achat familial à une satisfaction égoïste. Ici, le vendeur en déculpabilisant l'acheteur trouvera peut-être le moyen de le convaincre. Seule, cette déculpabilisation lui permettra de passer à l'acte d'achat. Ses attentes ou freins constituent pour le commercial un précieux guide pour présenter sa solution comme une réponse à ses préoccupations plus ou moins inconscientes ou enfouies.

Comment mettre au jour ces préoccupations profondes qui guident et déterminent les décisions des clients ? Tout bonnement en posant des questions et en étant à l'écoute très active et empathique du locuteur.

> Un soir, à l'occasion de la préparation d'un séminaire pour son équipe, un dirigeant commercial d'une société de Bourse entreprit de me faire souscrire des parts de FCPI, un produit financier déductible des impôts sur le revenu. Un formidable commercial ! Une assistante, qui observait notre échange, perçut mes réticences et mon indicible angoisse d'investir dans le fonds innovant et à risques que celui-ci me proposait. Elle avait deviné ma préférence pour le paiement d'un impôt cash, plutôt que de devoir courir le risque d'investir un capital qui pourrait un jour s'avérer irrécupérable. Elle fit observer à mon interlocuteur l'intérêt de me parler de l'assurance SOFARIS, qui garantissait ledit capital et me tranquillisait quant à sa récupération. Cette assurance (d'être assuré) apaisa mes inquiétudes et me fit adhérer à l'idée d'acquitter moins d'impôts.

Ces attentes et préoccupations de vos clients une fois détectées, la conclusion de vente est grandement facilitée. Je ne connais pas d'exemple que ce travail d'accouchement psychique, quelquefois laborieux, ne conduise un prospect à passer à l'acte d'achat, pour peu qu'il en ait les moyens financiers. Les clients qui se décident seuls, commandent par téléphone ou par Internet, ont eu préalablement un débat intérieur, levé une à une toutes les objections, surmonté leurs inquiétudes et, guidés par leur intuition ou leur sens de l'opportunité, sont finalement passés à l'acte d'achat. C'est cette « transhumance du "*peut-être*" au "*oui*" », que certains clients ne peuvent accomplir seuls et les conduits à solliciter l'aide d'un commercial. Nos rencontres et nos échanges avec des prospects ne sont pas fortuits. Dans les magasins, les clients en quête d'informations sollicitent souvent l'aide d'un *vendeur* et plus rarement celle d'un *conseiller*... Ceux-ci sont motivés par un besoin d'aide afin de mener à bien cet incontournable débat intérieur sur le point de se décider ou non, à acheter.

**Dans votre métier,
quelles sont les attentes et préoccupations profondes
rencontrées chez vos clients ?**

N°	Attentes profondes	Comment y répondre

N°	Préoccupations profondes	Comment y répondre

Chapitre 6

SACHEZ CRÉER UN BESOIN CHEZ VOS CLIENTS : LA TECHNIQUE DES 3P[1]

> – Ça y est ! J'ai fait comme tu m'as dit. Je connais son idéal.
>
> – Bien ! Corresponds-tu ?
>
> – Pile-poil ! J'te jure !
>
> – C'est un premier pas. Tu sais maintenant comment te vendre.
>
> – C'est quoi la suite ?
>
> – Tu dois maintenant lui faire ressentir le besoin de trouver une âme sœur et d'organiser sa vie autrement qu'en ermite.
>
> – Comment faire ?
>
> – Simple ! Il te faut argumenter son besoin et lui démontrer.

Le questionnement auquel répugnent tant les commerciaux est un mal nécessaire. Au-delà de la simple compréhension du besoin d'un interlocuteur, au-delà de s'assurer de la pertinence de la préconisation d'un produit ou service, le questionnement procure au vendeur deux autres immenses avantages.

---

1. Approfondissement recommandé : vidéo N° 8 – *Si un client n'a pas de besoin, créez-le !* – Rubrique formation en ligne – www.forventor.fr

Le premier est d'éclairer les attentes et préoccupations profondes du client, et ainsi les arguments auxquels le client va se montrer sensible. De là, les chances de le convaincre d'acquérir la solution préconisée augmentent grandement.

Le second est de constituer un formidable moyen pour conduire un interlocuteur à évoluer en appréhendant mieux son besoin, et pour finir, à l'admettre. Il s'ensuit que son désir d'achat se développe et l'obtention de son accord est facilitée d'autant.

Dans mon livre *Conquérir de nouveaux clients* je rapporte l'expérience menée par deux psychosociologues américains[1] qui suffit à nous persuader que les questions posées font évoluer les perceptions et positions de ceux qui y répondent. Je la rapporte ici tant elle est probante pour le sujet qui nous intéresse. « *Une enquêtrice sollicite des ménagères afin qu'elles consentent à recevoir chez elles des enquêteurs chargés d'étudier leurs habitudes de consommation. Elles étaient informées de la pénibilité des méthodes retenues pour cette enquête, plus précisément de devoir donner deux heures de leur temps et laisser le champ libre à 5 investigateurs agréés (pas moins) pour que ceux-ci puissent personnellement cerner et vérifier, par une fouille approfondie menée in situ, les habitudes en question. 22 % des consommatrices sollicitées acceptèrent. En prenant la précaution de leur téléphoner préalablement à cette proposition directe – sous le prétexte d'une petite enquête portant sur quelques questions à propos de leur consommation – puis trois jours plus tard de demander à ces mêmes personnes de bien vouloir participer à l'enquête approfondie et pénible décrite ci-dessus, 52 % s'y soumirent. Autrement dit, 2,5 fois plus de ménagères donnent leur accord pour ouvrir leur porte à une véritable enquête de police (coûteuse en efforts) pour peu qu'elles aient avant répondu simplement à quelques questions !* »

Si un simple questionnement transforme 2,5 fois plus souvent qu'auparavant vos prospects en clients, reconnaissons que cet investissement en vaut la peine ! La célèbre phrase de Tom Hopkins,

---

1. Freedman et Fraser, « Compliance without pressure : the foot-in-the-door technique », *Journal of personality and social psychology*, 1966, p. 195-202.

apôtre du marketing : « *Les questions que vous posez éveillent des émotions et canalisent ces émotions vers l'achat* » prend ici tout son sens.

Élargissez le besoin de votre client

À l'image du médecin consulté pour une grippe et diagnostiquant un souffle au cœur à son patient, un bon commercial ne saurait se suffire de la demande première de son client. Un arbre peut cacher une forêt… Derrière le besoin initialement exprimé, le commercial doit se livrer à un diagnostic en profondeur des besoins de son interlocuteur. Comprendre les besoins au-delà de celui exprimé constitue un enjeu considérable dans la vente. Il s'ensuit une intensification des besoins de l'acquéreur potentiel, l'obtention de sa confiance, ainsi que le renforcement de votre propre crédibilité.

Cet élargissement du besoin peut s'opérer par le jeu d'un simple questionnement, ainsi que nous l'avons développé au chapitre précédent. Par exemple, un client envisage un éventuel achat de spa, cela en raison de son désir exprimé de décorer sa terrasse ou encore de prendre l'apéritif entre amis. Il est pertinent d'élargir son besoin par quelques questions portant sur d'éventuelles douleurs de dos ou sur l'existence de troubles du sommeil, ou encore de courbatures après une séance de gymnastique, etc. Autrement dit élargissez et intensifiez le besoin, afin de conduire vos clients à découvrir de nombreuses autres raisons d'acheter le bien convoité.

Mais le questionnement, aussi efficace soit-il pour mettre au jour et révéler un besoin à un interlocuteur, ne donne pas toujours les résultats espérés. Cette consensuelle technique, aussi performante soit-elle, ne suffit pas mécaniquement à convaincre un client de la réalité de son besoin et de la nécessité de devoir le satisfaire. Il est quelquefois nécessaire d'être plus incisif, de devoir lui démontrer la réalité de son besoin et lui attester la conscience que vous en avez. Ainsi, il est des circonstances dans lesquelles il apparaît nécessaire de « vendre » un besoin au lieu et place du produit. Pour ce faire Forventor a mis au point une méthode, baptisée **Technique des 3P**. Cette technique, très efficace, consiste à démontrer la réalité d'un besoin, autrement dit à faire acheter plutôt que vendre ou encore si vous préférez, à vendre quelque chose sans en avoir l'air…

▬▬▬ Pourquoi argumenter l'existence d'un besoin

Il se peut, hélas assez fréquemment, que les clients répondent imparfaitement à vos questions ou rencontrent quelques difficultés à s'exprimer convenablement ou encore que, s'agissant de défendre leur portefeuille, ils raisonnent incomplètement. Autrement dit, ils ne vont pas au bout des choses afin de mieux en exclure l'immanquable conséquence : devoir se décider et dépenser leur argent ! Ils sont comme des patients qui savent qu'ils doivent se faire opérer, mais, par peur, refusent de se rendre à l'hôpital ou en reportent la fatale échéance. Dans cette configuration, monter d'un cran dans l'échelle des techniques de persuasion devient incontournable. Démontrer à votre interlocuteur l'existence et la pertinence de son besoin est une ardente obligation du bon professionnel de la vente.

▬▬▬ Comment démontrer à un client la réalité d'un besoin

Voyons maintenant comment pratiquer pour matérialiser le besoin et convaincre un client de sa réelle existence par la technique des 3P. Cette méthode est d'une redoutable efficacité. Elle consiste à mettre en exergue et à invoquer pour chacune des **P**articularités de vos produits les deux autres composantes du besoin correspondant : les **P**roblèmes (ou difficultés) résolus par votre produit ou l'une de ses particularités d'une part, et les **P**réoccupations et attentes (motivations à satisfaire) d'autre part.

> **Côté Problèmes ou difficultés**, à défaut qu'ils soient reconnus d'emblée par votre client, le mieux est de les lui indiquer. Pour être plus précis, la technique vise à exposer, voire à dévoiler, l'existence d'un ensemble de problèmes, de difficultés, que rencontre ou pourrait rencontrer votre interlocuteur, et que vos produits ou solutions résolvent. Par exemple, dans le cadre d'une complémentaire santé, pour vendre le besoin d'une chambre individuelle en cas d'hospitalisation, il faut au vendeur faire toucher du doigt à son client les gênes et complications que recèle une chambre commune en milieu hospitalier : « *Partager une chambre en cas*

d'hospitalisation pose de nombreux problèmes : ronflements, horaires décalés, insomnie de l'un ou de l'autre, souffrances et plaintes du voisin, le bruit des visites inopinées, quand ce ne sont pas les enfants du voisin qui sautent sur votre lit, devoir aussi s'accorder sur les programmes de télévision, etc. Croyez-moi, c'est parfois une vraie galère de devoir partager une chambre avec un inconnu !» En clair, vos clients sont bien assez grands pour acheter. Vendez-leur les problèmes à résoudre, plutôt que vos produits pour ce faire. Ils feront souvent le reste du chemin tout seuls.

> **Côté Préoccupations et attentes**. On s'en souvient, que ce soient les attentes ou les préoccupations, les unes et les autres constituent le système motivationnel. Les préoccupations répondent à la question du « *Comment ?* » (Quelles figures obligées le client entend-il imposer pour se décider ou encore quelles inquiétudes sont les siennes et qu'il nous faut lever ?) Les attentes quant à elles soulèvent le « *Pourquoi ?* » (Pourquoi résoudre, régler, le problème ou surmonter la difficulté ?) Reprenons notre exemple à propos de la chambre individuelle et observons ce qu'il faudrait dire pour intensifier les motivations d'achat d'une telle option : « *C'est au moment où vous avez le plus de besoin de calme et de confort, pour vous reposer et vous remettre rapidement, que vous en avez le moins. Ce serait un comble ! Et puis l'hôpital, par définition, plus on en sort vite, mieux on se porte !* »

Problèmes et Préoccupations (ou toute autre attente) doivent, pour être admis par votre interlocuteur, être bien réels. L'absence de satisfaction du besoin mis au jour, doit comporter de vrais désagréments pour lui. À défaut, il ne ressentira pas le besoin évoqué et *a fortiori* aucune envie de le satisfaire. « *À quoi bon dépenser de l'argent pour acheter quelque chose qui n'apparaît pas nécessaire* » conclura pertinemment votre client. Et voilà encore une belle occasion de vendre qui s'évaporera... Alors qu'*a contrario*, si non content d'exposer les problèmes et de stimuler les motivations, vous ajoutez une illustration bien choisie, votre vente se concrétisera aisément et rapidement. Illustrer, c'est faire toucher, sentir et voir. Ainsi vous ferez davantage percevoir la réalité du besoin que vous souhaitez matérialiser. Dans notre exemple de chambre individuelle, il est aisé d'ajouter : « *Imaginez la scène. Vous sortez de salle d'opération, toujours un peu groggy (on le serait à moins) et voilà des enfants qui, rendant visite à votre voisin de chambre, se mettent à sauter sur votre lit ou à jouer avec votre perfusion. Suivez mon conseil, ce n'est pas une chambre individuelle que je vous propose, mais du repos et de la sérénité dans une passe difficile. Si cela arrive, vous vous féliciterez de m'avoir écouté.* » Et n'oubliez pas que trop fort ne manque jamais !

Rechercher l'accord sur la réalité du besoin soulevé et l'intérêt de le satisfaire

On ne fait pas boire un âne qui n'a pas soif, dit-on. Sauf à rencontrer un client particulièrement dépensier et à la prodigalité sans limites, pas de besoin reconnu, pas de vente possible. Si l'identification du besoin est incontournable à celui qui veut vendre, la reconnaissance dudit besoin l'est tout autant. Votre interlocuteur partage-t-il votre avis ? Pense-t-il, pour reprendre notre exemple d'hospitalisation, que le bruit lui sera insupportable dans cette circonstance, que devoir regarder un match de football alors que son feuilleton hebdomadaire se joue sur une autre chaîne ou encore que le saut d'enfants sur son lit est incompatible avec un prompt rétablissement ? Pour le savoir, le mieux est très certainement de le lui demander : « *Qu'en pensez-vous ? Partagez-vous mon avis ? Êtes-vous d'accord que c'est un vrai problème et souhaitez-vous le régler ?* » Cette démarche est appelée Closing besoin. Elle consiste à prendre la commande du besoin au lieu et place de celle du produit que vous avez à vendre. Cela facilite grandement les choses. Véritable *sell machine*[1], la méthode est à elle seule si riche, si efficace et si intéressante à mettre en œuvre, qu'elle nécessite que lui soit consacré le prochain chapitre.

---

1. Machine à vendre.

APPLICATION À VOTRE ENTREPRISE

Pour profiter pleinement de ce que nous venons d'examiner et savoir, concernant vos produits, argumenter le besoin, prenez le temps de remplir le tableau suivant : « *Dans votre métier, comment argumenter avec la technique 3P et faire ressentir à vos clients leurs besoins.* »

Vos ventes ne manqueront pas de prospérer et vous avec.

Dans votre métier, comment, avec la technique 3P, démontrer et faire ressentir à vos clients leurs besoins

Produit/particularité de votre solution	Problèmes, difficultés à invoquer pour inviter vos clients à les résoudre	Préoccupations et attentes insatisfaites et à satisfaire chez vos clients

CONCLURE SUR LE BESOIN ET L'INTÉRÊT DE LE SATISFAIRE : LES 3 CLOSING SUR LE BESOIN[1]

> **"**
>
> – C'est bon, le besoin de trouver une âme sœur est bien ressenti. Tu crois que je peux me jeter à l'eau ?
>
> – Malheureux ! Tu sautes une étape. Il te faut d'abord suggérer que cet idéal existe et que tu es en mesure de le lui faire rencontrer...
>
> – Qu'est-ce que c'est que cette ficelle ?
>
> – N'est-ce pas au pied du mur que l'on voit les maçons ? Alors, mets ton âme sœur au pied du mur. Cela te permettra de vérifier la réalité de ses motivations, tester son désir aussi, et cela sans avoir à montrer le bout du nez. Tu vois ?
>
> – Moyen...
>
> **"**

---

1. Approfondissement recommandé : vidéo N° 9 – *Qui vend le besoin, vend le produit* – Rubrique formation en ligne – www.forventor.fr

Il vous a déjà été donné l'occasion de consulter un médecin. Imaginons qu'après vous avoir longuement interrogé sur ce qui vous a déterminé à venir le consulter, sur vos douleurs et autres symptômes le praticien vous ait dit tout bonnement : « *Bien, voilà, vous allez prendre une pilule de machin chose matin et soir. Cela devrait suffire. Sinon, revenez me voir ; ça fait 25 euros.* » Autrement dit, que ce praticien vous frustre de toute explication et vous administre sa prescription sans l'ombre d'une justification.

Impensable et difficilement supportable n'est-ce pas ? L'énoncé du *diagnostic*, un *nom donné* à votre pathologie et *un pronostic de guérison* sont les trois énoncés indispensables pour vous faire adhérer et par là consentir à absorber la salvatrice médication.

Notre qualité de commercial nous astreint aux mêmes obligations.

La vérité est que nos produits sont la solution aux difficultés et problèmes rencontrés par nos clients. Ils répondent chez eux à un besoin non satisfait. Par *l'administration de nos produits ou nos services* nous allons mettre fin à cette insatisfaction. Si ces besoins n'existaient pas, gageons que nos produits n'existeraient pas. Énoncer le problème qu'il va falloir résoudre, c'est justement faire ce travail de diagnostic qui va conduire à la satisfaction. Ici, nous nous faisons cliniciens. Après nous être livrés à une compréhension en profondeur des difficultés d'un interlocuteur, nous ne saurions préconiser – prescrire devrais-je dire – valablement l'un de nos produits sans passer par cette nécessaire étape de *reformulation et suggestion*. Cette étape est tout à la fois le pendant commercial du *diagnostic clinique*, du nom donné à la pathologie et du *pronostic* de guérison. Si nous avons pris soin de travailler avec nos clients, en profondeur, sur leurs problèmes et préoccupations, si nous avons su assurer notre crédibilité en tant qu'acteur susceptible de leur apporter une aide réelle dans le choix des produits propres à les satisfaire, alors énoncer notre diagnostic est une étape incontournable qui doit précéder impérativement la présentation de nos produits (les médicaments). Omettre cette étape majeure c'est se priver de voir notre interlocuteur prendre en charge le Closing. Quel gâchis ! Parvenir si près du but et échouer. Pour ne pas avoir formulé une synthèse de ce que nous avons entendu, nous voilà obligés de passer à l'argumentation et à supporter l'obligation de la conclusion. Pour ne pas avoir conclu sur le besoin on va devoir conclure sur le produit ! De clinicien respecté nous sommes rabaissé, aux yeux de notre interlocuteur, au rang de simple petit vendeur, bassement intéressé par le profit de sa vente convoitée. Et c'est alors que les phénomènes de projection et d'introjection, vus plus haut, se mêlent à la fête. Le doute du client se fait nôtre et le nôtre se développe en lui. Et patatras ! De doute en doute, nous nous rendons doucement à l'évidence : point n'est besoin de conclure, *il n'achètera pas* ! La porte de sortie qui nous apparaît la plus proche est de l'inviter à réfléchir... et, hop, une documentation et voilà encore un client de perdu ! Perdu sûrement, mais peut-être pas pour tout le monde. Ce travail de reformulation, de diagnostic, sera accompli par ses soins (à défaut de l'avoir fait nous-même). Notre prospect aura progressé au point de se déterminer seul. Il sera désormais à même de surmonter les difficultés dont il nous a fait état. C'est alors qu'il fera le bonheur d'un commercial concurrent, dans le bec ahuri duquel il tombera tout cuit !

Dans mon livre *Conquérir de nouveaux clients* je développe les 7 règles d'or qui président aux décisions des individus[1]. J'explicite et je détaille les processus et mécanismes psychologiques qui leur font prendre un engagement. Ici, je dirai un mot de la règle n° 2 laissant le lecteur intéressé se reporter à cet autre livre. Cette règle s'énonce ainsi : « *Les individus respectent d'autant plus un engagement qu'ils se sont librement décidés à le prendre.* » Ne dit-on pas « *j'ai pris l'engagement de...* » Alors que « *vous m'avez engagé à...* » sonne faux, ou comme une plainte, voire un reproche. Cette règle est chère aux psychosociologues qui s'intéressent au mécanisme de la décision de s'engager à faire une chose ou de s'y refuser. De nombreuses expériences ont été réalisées pour vérifier et comprendre ce phénomène psychologique. J'emprunte à mon livre précité la plus célèbre d'entre elles, réalisée par Moriarty, un chercheur américain[2]. L'expérience à laquelle il s'est livré démontre combien nous sommes prisonniers de nos décisions pour peu que nous les prenions en toute liberté. Son observation scientifique

---

1. *Méthodes et astuces pour conquérir de nouveaux clients*, chapitre 18, p. 159 et suivantes, Paris, Éditions d'Organisation, 2005.

2. T. Moriarty, « Crime, commitment and the responsive bystander: two field exprimant », *Journal of personality and social psychology*, n° 31, p. 370-376.

se déroule sur une plage. Un expérimentateur pose sa serviette ostensiblement auprès d'une personne confortablement installée (touriste, vacancier ou autre), qui va faire l'objet du test. Il allume son transistor, puis s'approche ensuite de la personne « testée » pour lui demander du feu en prononçant clairement les mots suivants : « *Pardonnez-moi, je suis seul et je n'ai pas d'allumettes. Auriez-vous l'amabilité de me donner du feu ?* » Après avoir fumé sa cigarette, la personne qui s'est déclarée seule part se baigner, laissant ses affaires bien en vue négligemment posées sur sa serviette de bain. Un expérimentateur comparse qui l'assiste survient alors et au vu et au su de la personne testée s'empare ostensiblement de la radio et l'emporte.

Il en ressort que seule 1 personne sur 5 testées tente de s'interposer pour empêcher le vol ! Autrement dit 4 personnes sur 5 ne bronchent pas, ignorant délibérément la scène qui se déroule sous leurs yeux, alors qu'elles disposent de l'information selon laquelle l'expérimentateur est seul et qu'un contact, aussi élémentaire soit-il, a été noué avec leur voisin de plage. L'expérience prend tout son sens et son sel, quand on sait qu'une fois sur deux, l'expérimentateur, au lieu de demander du feu, avance le prétexte de devoir téléphoner ou souhaiter se rendre aux toilettes et dit : « *Excusez-moi, je dois m'absenter quelques secondes, pourriez-vous avoir la gentillesse de surveiller mes affaires ?* » Sauf exception, toutes les personnes sollicitées acceptent et ce faisant s'engagent à surveiller lesdites affaires. Le reste de l'expérience, avec sa tentative de vol par un comparse, est alors invariant. Dans ce cas de figure, où *l'adhésion* de la personne testée est explicitement sollicitée, les personnes réagissent et interviennent toutes ou presque pour entraver l'action du pseudo-voleur (95 % pour être précis).

En résumé, le seul fait d'avoir consenti librement à surveiller les affaires d'autrui, *soumet* la personne consentante à respecter son engagement. À défaut de s'être engagée, une personne qui observe un vol ne se sent nullement obligée d'intervenir (95 % contre 20 %).

Revenons au Closing sur le besoin et voyons comment faire pour mettre en œuvre cette règle n° 2, dite de *l'adhésion volontaire*, mécanisme psychologique selon lequel un individu serait lié par le seul fait de son accord, librement consenti. Ici, 3 Closing (trois *adhésions volontaires*) sont utiles et nécessaires pour leur vendre ce fameux besoin :

> le Closing sur les critères de décision ;

> le Closing sur le besoin formulé ;

> le Closing sur l'idée de devoir satisfaire ce besoin.

▰▰▰ 1er Closing : le Closing sur les critères de décision

Il est possible que, malgré notre vigilance, les *attentes et préoccupations profondes* d'un interlocuteur nous aient en partie échappé. La découverte de ces critères de décision est un formidable et ultime moyen d'en lever le voile. En effectuant un Closing sur les critères de décision nous engageons en effet notre client à mener une réflexion à voix haute sur ce qui le conduirait à un choix positif, antichambre de sa décision et à l'engager librement au respect de ses propos.

Pour connaître les critères de décision, le mieux est de les lui demander. Je connais peu d'interlocuteurs qui se dérobent à l'exercice. En revanche nombreux parmi eux sont pris de court, déroutés qu'ils sont par la question, avec pour conséquence la présentation desdits critères dans un ordre peu logique, comme cela leur vient… Il s'ensuit qu'il nous faut être patient et perspicace. Le plus important de ces critères est en effet souvent avancé dans un deuxième temps, après que les plus banals, venus spontanément à son esprit, ont été exprimés. C'est cette seconde vague de critères qui va nous apporter l'information précieuse qu'il nous faut capter. Ainsi, beaucoup de clients vont commencer par mettre en avant *le prix* comme paramètre de décision. Convenons qu'il s'agit là d'une tautologie. Bien peu de personnes dans notre bas monde sont indifférentes au prix des choses. Mais cet élément, pour important qu'il soit, n'est pas une composante du besoin mais plutôt une condition nécessaire pour le satisfaire. Une petite phrase telle que « *Je comprends bien, et par ailleurs…* » ou encore « *Avez-vous d'autres exigences ou préoccupations que vous souhaiteriez voir satisfaites à cette occasion ?* » suffira le plus souvent à déclencher la seconde vague de critères dont je fais état plus haut.

Une fois obtenus lesdits critères, faites-les-lui hiérarchiser s'ils vous apparaissent en trop grand nombre. Une question du genre : « *Et dans tout cela quels sont ceux qui vous apparaissent les plus importants ?* » suffira. Soyez certain que vous allez disposer là d'informations d'une grande richesse.

Voyons quels sont les objectifs que vise cette manière de faire. Ils sont au nombre de trois :

> **Obtenir des attentes et préoccupations non mises au jour ou non perçues**. Tout se passe comme si nous demandions à notre vis-à-vis de prendre en charge la synthèse de son besoin ; ce qui revient au fond à lui transférer le soin de devoir reformuler lui-même. N'est-ce pas là le meilleur moyen d'éviter un *désastreux plantage* ! Ainsi, un prospect, devenu depuis un client très régulier, me fit valoir, à l'occasion de notre premier contact, que son choix se porterait sur un intervenant qui justifierait d'un bon niveau d'études supérieures. Ce fondement n'avait à aucun moment été abordé au cours de notre entretien, tant il semblait éloigné des besoins de ce prospect. Cette soudaine contrainte, suffisamment profonde pour avoir été cachée, faisait mon affaire en me donnant un avantage compétitif certain. Ce que je fis valoir avec succès...

> **Discuter ses critères s'ils ne nous conviennent pas**. Il n'est pas rare que les critères prescrits nous révèlent quelques faiblesses que recèle l'offre que nous nous apprêtons à faire. En bref, les exigences, dont fait état notre interlocuteur, ne sont pas parfaitement satisfaites. Dans cette configuration nous n'avons pas d'alternative que de discuter du bien-fondé de l'exigence en question. Ainsi dans l'exemple qui précède, un consultant jouissant d'une bonne compétence, hélas sanctionnée par aucun diplôme, aurait pu à bon droit discuter la pertinence du critère et avancer qu'un universitaire, aussi couronné soit-il, n'est souvent qu'un théoricien et a bien peu de chance d'avoir une expérience terrain sérieuse en matière de vente !

> **Engager le client sur ses critères de décision**. Enfin, ultime objectif et non des moindres, geler le système de décision de l'interlocuteur. En vertu de la première des 7 règles d'or qui président

à l'engagement des individus[1]. Cette règle n° 1 s'énonce ainsi : « *Seul ce qui est exprimé par un individu a valeur d'engagement tant à ses propres yeux qu'aux oreilles de celui qui l'écoute.* » Les expressions « *Ce qui est dit, est dit !* » ou « *Je n'ai qu'une parole* » ou « *Je vous donne ma parole* » n'ont pas d'autre origine. Une fois acquis cet engagement, par le jeu d'une libre expression, votre interlocuteur ressentira quelques difficultés à se désavouer…

2e Closing : la reformulation du besoin

La reformulation, par sa capacité à convenablement résumer le besoin, va conduire l'interlocuteur à trois mutations psychologiques. La première sera une meilleure conscience du besoin lui-même. Un besoin cette fois clairement défini et dont les contours sont précis. Il pourra désormais le cerner, l'apprécier, le nommer, le connaître et le reconnaître. La deuxième mutation sera de l'accepter et pouvoir ainsi se préparer à son corollaire quasi obligé, c'est-à-dire la décision de satisfaire ce besoin par un acte d'achat. La troisième mutation psychologique, à laquelle est conduit un prospect à l'écoute d'une reformulation de son besoin, est d'intégrer dans sa démarche que nous sommes capables de la satisfaire. Cette mutation s'opère par le jeu d'une logique déductive. Si nous sommes capables de le comprendre, pense-t-il, et aptes à lui suggérer de bonnes solutions, alors le produit ou le système que nous allons préconiser sont sans nul doute de nature à le satisfaire et à régler ses problèmes.

En résumé, la reformulation vise trois objectifs, dont la finalité est, ne l'oublions pas, d'alléger la charge du Closing suffisamment pour que l'interlocuteur se décide à en prendre l'initiative :

> vérifier que nous avons bien compris la problématique et le lui prouver ;

> lui faire admettre et reconnaître ses besoins ;

> persuader l'interlocuteur que, si nous sommes celui qui le comprend, nous sommes aussi celui qui le satisfait.

Pour satisfaire à ces trois objectifs, une synthèse de la problématique entendue suffit. Pour cela et en quelques phrases, en vous

---

1. *Cf. Méthodes et astuces pour conquérir de nouveaux clients, op. cit.*, p. 131.

inspirant de l'équation logique du besoin étudiée au chapitre 5, rappelez :

1. Le problème succinctement (situation vécue).

2. La situation rêvée, idéale.

3. Les avantages du besoin satisfait.

4. Les inconvénients de demeurer dans la problématique actuelle.

Prenez soin de ponctuer chacune de ces étapes par des « *c'est bien ça* » ou des « *vous êtes d'accord, n'est-ce pas ?* », en sollicitant un *petit oui* de la part de votre interlocuteur. Vous vous assurerez ainsi de sa pleine adhésion et de la mise en œuvre de ses mutations psychologiques.

Illustrons, par un exemple, le discours de reformulation tel qu'il pourrait être tenu par un commercial du secteur de l'automobile.

> — « *Voyons si je vous ai bien compris. Vous êtes très attaché à votre véhicule que vous trouvez beau, bien entretenu et que vous souhaiteriez pouvoir conserver encore une année au moins autant par goût que pour des raisons budgétaires. C'est bien ça ?*
> — *Oui, tout à fait.*
> — *Par ailleurs, vous me dites que votre véhicule a de nombreux kilomètres et que des risques de pannes vous mettraient, si elles survenaient, dans des situations professionnellement insoutenables. Vous ai-je bien compris ?*
> — *Oui, c'est cela.*
> — *De plus, vous venez de me dire que vous alliez disposer bientôt d'un nouveau garage, plus petit que le précédent. Votre véhicule actuel, en raison de sa taille, vous obligera à des manœuvres aussi délicates que fastidieuses. Ai-je bien résumé la situation ?*
> — *Oui, tout à fait.*
> — *En résumé, deux conditions vous apparaissent indispensables pour pouvoir conserver votre véhicule actuel. La première, qu'une bonne fée vous garantisse que celui-ci ne tombera pas en panne et la seconde, qu'elle veille à faciliter vos manœuvres. Ai-je bien résumé le problème ?*
> — *Je le crains... »*

Cela semble simple. Et pourtant, s'il est un moment dans mes entretiens de vente où il m'arrive de rater (eh oui !), c'est bien à ce stade critique de la reformulation. Elle est en effet plus complexe qu'il n'y paraît de prime abord. Il ne s'agit en effet pas de répéter, en le résumant simplement, un besoin entendu. Reformuler c'est présenter de façon *transcendantale* la problématique perçue chez l'autre. C'est exprimer de manière synthétique, quasi aérienne, ce qu'il désire. Il s'agit de le faire accéder ainsi à une vision supérieure de ce qui lui fait défaut ou de ce dont il a besoin. C'est cela qui entraîne son accord et évite d'être amené à devoir argumenter et à conclure sur nos produits. C'est cette vision transcendantale qui assoit l'autorité du commercial, comme celle du médecin, et qui convainc patients comme clients à devoir accepter la prescription émise.

Transcender, c'est dépasser le simple niveau de la compréhension. C'est rapporter la preuve d'une connaissance supérieure. C'est ce que font si bien médecins et avocats quand, après nous avoir entendu, ils reformulent en quelques mots le problème exposé. Transcender, c'est mettre des appellations sur les choses. C'est donner leur vrai sens aux idées des autres. En bref transcender n'est autre qu'exprimer mieux que notre interlocuteur, et de façon plus synthétique que lui, ce dont il souffre ou ce qu'il désire. Nous administrons ainsi la preuve que *sa maladie* est connue, répertoriée. Parce qu'elle a un nom, parce que nous en parlons mieux que lui, il acquiert ainsi la conviction de devoir s'en remettre à nos bons soins. C'est dans ce contexte psychologique que nous pouvons alors suggérer des solutions, sans contrainte d'avoir à les vendre[1].

Ainsi, à l'occasion de nombreuses missions, menées aussi bien dans le monde de l'assurance que de la banque, j'ai beaucoup travaillé avec des chargés de clientèle sur les problèmes, attentes et préoccupations de leurs clients et sur les reformulations à énoncer. Par exemple à un client qui fait part de ses inquiétudes en matière de retraite, de son désir d'être à l'abri du besoin et des vicissitudes de l'avenir, et de sa préoccupation concernant la ponctualité de versements réguliers et à date fixe d'un complément retraite par capitalisation, nous sommes convenus de la reformulation suivante : « *Au fond, ce que vous voulez pour votre retraite, c'est pouvoir en profiter*

---

1. Fussent-elles les mêmes que celles avancées en début d'entretien par notre interlocuteur !

pleinement, sans contrainte d'argent ni souci de trésorerie et cela d'aucune sorte, c'est bien cela ? » Comment voulez-vous que votre client n'adhère pas, en entendant sa problématique résumée en termes si simples et représentatifs de ce qu'il désire. Car transcender ne vise pas à compliquer mais, par l'expression parfaite de son besoin, de conduire votre interlocuteur à dire : « *C'est exactement cela !* »

On comprend mieux dès lors l'importance d'opposer un refus catégorique aux si fréquentes suggestions de solutions avancées par nos clients en début d'entretien et à ne consentir à ne travailler que sur leurs seuls problèmes et désirs. Comment nous y prendre ? Tout simplement en leur demandant, quand ils avancent une solution : « *Quelles sont les raisons qui vous font envisager cette solution ?* » La formule est magique. Ou bien « *J'ai l'impression qu'il y a peut-être une autre solution, si toutefois vous voulez bien m'en dire un petit peu plus* », également très efficace. Ou encore demandez : « *Qu'est-ce qui vous empêche de mettre en œuvre cette solution ?* » Une autre formule fait miracle : « *Qu'attendez-vous de moi ?* » Toutes questions conduisent *ipso facto* nos clients à nous parler sans ambages de leurs problèmes et difficultés dont la résolution est justement notre métier.

Le client appartient au monde des obstacles à surmonter, des ennuis, embarras et autres embêtements à vaincre, tout autant qu'à celui des désirs à satisfaire. Notre monde, à nous autres commerciaux, c'est celui de la solution qui les aide à s'en extirper par le haut. Si nous partageons ce monopole avec eux, alors la charge du Closing nous est par là même imputable. Si nous avons tant de mal à conclure – au point quelquefois de ne pas le faire – c'est principalement parce que nous abandonnons trop facilement au début de nos entretiens notre position de clinicien et consentons, sans combattre, à ce que nos patients occupent notre place. Partant, nous voilà parvenus au stade de la reformulation sans matière à reformuler et pour cause ! S'ensuit, pour les mêmes raisons, une incapacité à pouvoir suggérer une bonne solution. C'est pourtant là le premier, le plus économique et le plus efficace des moyens de Closing qui s'offrent à nous. Parlons-en.

3ᵉ Closing : l'acceptation d'une solution satisfaisant le besoin

Il s'agit d'obtenir de votre vis-à-vis un accord de principe, un engagement, portant sur la reconnaissance du bénéfice souhaitable pour lui et validant son passage à l'acte d'achat. Comment ? Simplement en avançant l'existence d'une *médication* qui fera solution et en sollicitant son accord pour obtenir le bénéfice dégagé par ladite solution. Reprenons l'exemple ci-dessus :

> — *Reformulation : « Au fond ce que vous voulez pour votre retraite, c'est pouvoir en profiter pleinement, sans contrainte d'argent ni souci de trésorerie et cela d'aucune sorte, c'est bien cela ?*
> — *C'est tout à fait cela. »*

Suggestion : « *Si je vous propose une formule qui vous garantisse, un versement tous les mois, quoi qu'il arrive et en toutes circonstances, cela vous convient-il ?* »

Ou encore, reprenant notre exemple présenté plus haut à propos d'une voiture :

> — *Reformulation : « En résumé, deux conditions vous apparaissent indispensables pour pouvoir conserver votre véhicule actuel. La première, qu'une bonne fée vous garantisse que celui-ci ne tombera pas en panne à l'occasion d'un déplacement professionnel et la seconde qu'elle veille à faciliter vos manœuvres pour entrer dans votre nouveau garage. Ai-je bien résumé votre problème ?*
> — *Je le crains... »*

Suggestion : « *Si c'est cela, je crois qu'il vous faut vous préparer à l'éventualité de devoir changer de voiture. Neuve et plus maniable, voilà ce qu'il vous faut ! Êtes-vous d'accord ?* »

Ce troisième Closing vise deux grands objectifs :

✓ **1ᵉʳ objectif** : recueillir l'adhésion quant à l'idée de régler le problème mis au jour et aux solutions que nous préconisons ou allons présenter[1].

---

1. Autrement dit : « *T'es cap ou t'es pas cap ?* »

Point n'est besoin de proposer un produit sans avoir obtenu l'adhésion pour sa consommation. *On ne fait pas boire un âne qui n'a pas soif.* Plutôt que de proposer un médicament à nos patients, demandons-leur s'ils veulent en sortir et retrouver goût aux choses de la vie. Notre Closing sera ainsi grandement facilité. En travaillant sur leurs intérêts et non sur le nôtre, sur la résolution de leurs problèmes et non sur la vente de nos produits, nous obtenons leur adhésion sans difficulté ou à défaut l'objection qui les retient.

✓ **2e objectif** : obtenir des objections de fond qui portent sur la résolution du problème de notre client et non pas sur les produits.

Pour être en mesure d'emporter la conviction, il nous faut préalablement lever toutes les objections avancées par notre *opposant*. Les objections portant sur le *besoin* de nos clients sont infiniment plus faciles à surmonter que celles portant sur les insuffisances de nos produits. Argumenter en réponse à une objection sur les bénéfices à retirer d'un besoin satisfait est plus aisé qu'argumenter sur nos produits. Nous sommes plus impartiaux, plus objectifs aussi, et notre pouvoir de conviction est plus grand, débarrassés que nous sommes des scories d'arrière-pensées dont nous soupçonnent nos clients. Nous nous montrons ainsi plus désintéressés parce que plus proches de leurs préoccupations (régler leurs problèmes, surmonter des difficultés et faire un bon achat) et moins centrés sur nos intérêts : vendre nos produits.

Parvenu à ce stade de l'entretien, la partie est normalement gagnée ! Après avoir franchi, une à une, les marches de la compréhension de son besoin, puis consenti à valider la reformulation que vous avez proposée, et enfin obtenu un accord de principe suite à la suggestion d'une solution, je connais bien peu de circonstances dans lesquelles un interlocuteur ne donne pas son accord. Pour ma part, mes entretiens de vente s'arrêtent souvent là. J'enchaîne alors sur la phase administrative des choses... sans autres formes d'arguments. Pourquoi donc enfoncer une porte si grande ouverte ?

Il m'arrive toutefois, contraint et forcé, de devoir prendre en charge le Closing. C'est que, à l'image d'un slalom géant, j'ai dû, ici ou là, manquer une porte. La deuxième partie de ce livre dévoile *comment demander une commande et obtenir une décision favorable*, quand il nous appartient de prendre en charge les opérations de Closing.

Partie 2
Le Closing sur la commande

Comment demander une commande et obtenir une décision favorable

Le besoin étant défini, nous voilà arrivés à la phase argumentaire. À défaut d'avoir entraîné l'adhésion sans restriction de notre client par une reformulation suffisamment séduisante, à défaut d'être parvenus à conclure sur son besoin, nous devons sortir l'artillerie lourde : **argumenter** !

Au cours de cette partie, nous développerons la prise en charge des opérations de Closing en allant de la moins ardue aux situations les plus délicates et aux barrages les plus catégoriques.

Chapitre 8

CONCLURE SUR LE BÉNÉFICE PROPOSÉ[1]

> *— T'aurais pas une formule pour conclure sans me dévoiler ?*
>
> *— Je vois que ni Danton ni Sénèque n'ont fait de ravages en toi...*
>
> *— Facile à dire !*
>
> *— Écoute. Fais remarquer que vous êtes bien ensemble et que cela est bien agréable. Puis ajoute, détaché : « Isn't it ? »*
>
> *— Et alors ?*
>
> *— Attends la réponse sans moufter. Obtenir son accord sur ce point est incontournable.*

Les conclusions sur le bénéfice forment le dernier rempart à l'obligation de prise en charge totale de la conclusion par le commercial. Disons qu'elle est une sorte d'ultime partenariat par lequel acheteur et vendeur s'associent pour partager par moitié le fardeau du Closing. À ce stade, les choses sont donc encore simples. La conclusion sur le bénéfice consiste à faire valider par vos clients le bien-fondé de chacun de vos arguments. Elle est ainsi appelée parce que l'accord de l'interlocuteur ne porte pas sur la commande

---

1. Approfondissement recommandé : vidéo N° 10 – *Comment convaincre vos clients d'adopter vos produits ou solutions* – Rubrique formation en ligne – www.forventor.fr

mais sur l'un des bénéfices du produit proposé. Une demi-mesure étonnamment efficace facilitant grandement l'obtention d'une décision favorable. Regardons comment présenter vos arguments et enchaîner sur une conclusion sur le bénéfice.

Comment argumenter vos produits avec succès

S'il m'était donné un seul mot pour définir le métier de commercial, je choisirais celui d'*interprète*. Interprète de désirs, de besoins, d'attentes qu'il va devoir traduire en références produits. Car c'est bien de cela dont il s'agit. Le rôle de commercial est justement de devoir **prendre en charge cette fonction de traduction**. C'est-à-dire de traduire dans le langage de son entreprise (caractéristiques techniques de son produit, performances, qualité, etc.) la demande de son acquéreur potentiel, faite d'attentes, de besoins et d'intérêts.

Comme le dit l'aphorisme, *on n'attrape pas les mouches avec du vinaigre*. Les commerciaux devraient en faire leur religion. **Les préoccupations de nos clients et prospects se posent en termes de bénéfices attendus**, c'est-à-dire de ce qu'ils peuvent espérer retirer de l'acquisition d'un produit. Il est vrai que pour certains articles, l'information du consommateur est tellement bien faite et leur usage tellement banalisé que l'acheteur se comporte comme un bilingue. Disons qu'il fait lui-même **tout le travail de traduction**, sans assistance d'aucune sorte. Disons encore que dans certains cas il a une si bonne connaissance technique qu'il traduit lui-même son besoin en caractéristiques techniques, compare les performances et va jusqu'à définir les options et la référence du modèle qui lui conviennent ! Observons qu'il se rencontre de plus en plus fréquemment par le jeu de l'élévation des compétences techniques des consommateurs. Il s'ensuit une immanquable limitation du rôle des commerciaux. Ce phénomène est objectivable, par exemple, dans le domaine de l'informatique. Dans un passé encore récent, les forces de vente jouaient un rôle majeur dans la vente des ordinateurs. L'usage de ces derniers se banalisant, l'utilisateur est devenu capable d'exprimer lui-même ses besoins en termes de mémoire R.A.M., de disques durs, de compatibilité de logiciels, d'ergonomie, d'écran V.G.A., etc. L'aboutissement d'une telle évolution a conduit les micro-ordinateurs à ne plus être vendus, mais simplement achetés. Les hypermarchés nous les proposent maintenant, en l'absence de tout conseiller, entre télévisions et boîtes de haricots !

Rassurez-vous. Il reste de beaux jours à vivre au travail de préconisation. C'est heureux pour les emplois commerciaux. Car qui dans l'entreprise pourrait, mieux que nous, mener cette traduction à bien ? Le commercial réside à la frontière de deux cultures dont il doit rapprocher les conceptions. Ce sont celles de l'entreprise, inscrites dans une logique de production/bénéfice et celles de ses clients, orientées vers l'usage/économie. *Côté entreprise*, le chargé de relations clientèle sait de quoi sont faits les produits. Lui, connaît les hommes, ce qu'ils fabriquent et le soin qu'ils y apportent. Lui, sait apprécier les qualités, mesurer les performances et les comparer à celles avancées par la concurrence. Lui a repéré l'intérêt que recèlent les offres alternatives stipulées par les concurrents. Il a appris à répondre à leurs arguments, etc. À l'opposé, *côté clients*, qui mieux que lui dans l'entreprise, a une vue aussi précise et claire des raisons, mobiles et calculs qui poussent vraiment ses interlocuteurs à acheter les produits ? Qui est plus proche que lui, des préoccupations des utilisateurs, de leurs espérances, de leurs critiques, de leurs interrogations et de leurs problèmes de budget ?

Cette observation faite, voyons comment nous y prendre pour réaliser au mieux cette traduction, opérer le rapprochement de ces deux cultures et présenter efficacement nos produits.

Un argument est comme un Exocet. C'est un missile dont le pas de tir est une caractéristique de notre produit et dont la cible est le bénéfice recherché par notre interlocuteur.

Tout d'abord, il nous faut partir des **caractéristiques de nos produits**. Les caractéristiques, c'est le point fort sur lequel le vendeur, quelles que soient ses compétences, s'arc-boute. Ce sont ses bases arrière. Au premier conflit avec un client, au moindre désaccord, à la première contradiction ou hésitation, la tendance naturelle sera de s'en rapprocher et s'éloigner d'autant de la problématique développée par l'acquéreur potentiel. Ces caractéristiques, c'est donc tout ce qui constitue les aspects spécifiques qui différencient le produit que nous avons à vendre. C'est aussi bien la matière dont il est fait, ses performances, son prix, son coût d'exploitation ou d'utilisation, son conditionnement, ses couleurs, son encombrement, que tout autre aspect qui entre dans la définition du produit à vendre. Or, il en va des caractéristiques comme des vérités, *toutes ne sont pas bonnes à dire*. Les caractéristiques ne sont en effet pas toutes porteuses d'intérêt. Si je vous dis que la voiture que je vous propose a quatre roues, j'y perdrai ma crédibilité et avec, mes chances d'aboutir. Quatre roues ne constituent pas un aspect *remarquable*. Si nous avançons une caractéristique, faut-il encore qu'elle offre une spécificité qui la différencie de tous les autres modèles concurrents. Maintenant si je vous propose une voiture à trois roues, il s'agit bien cette fois d'une caractéristique remarquable. Pour autant, cette caractéristique, aussi remarquable soit-elle, n'est pas suffisamment intéressante pour trouver place dans un argumentaire bien conçu. La vérité est qu'un véhicule à trois roues ne présente pas d'avantage majeur (ni probablement mineur) comparativement à un modèle à quatre roues. Cette particularité n'offrant aucun avantage, il me faudra également l'écarter. Ainsi, pour réussir à vous convaincre, je retiendrai les seules caractéristiques qui vont offrir un avantage à mettre en avant.

Un exemple devenu célèbre est celui des essuie-glaces. Un essuie-glace est généralement en caoutchouc. Convenons que celui que j'ai à vous proposer ait des balais en polypropylène. Ce matériau, en raison de sa spécificité, est l'une des caractéristiques techniques de l'essuie-glace en question. Cette caractéristique n'est d'aucun intérêt pour l'usager. Elle est tout juste susceptible d'intéresser l'utilisateur dans la seule limite des avantages qu'elle procure. Autrement dit, il en va ainsi pour les caractéristiques : si pas d'avantage, pas d'intérêt et si pas d'intérêt, pas d'argument ! S'agissant du polypropylène, l'avantage à développer est probablement que les qualités mécaniques de ce matériau lui donnent une excellente adhérence sur le pare-brise. Là, votre intérêt peut commencer à s'éveiller. Mais mon problème de vendeur est de savoir si vous êtes prêt à acheter cet avantage. Je veux dire que cet avantage, pour réel qu'il soit, est-il suffisant à vous convaincre ? Bien plus prometteur est de vous faire valoir le bénéfice que cet avantage va vous procurer. Un bénéfice qui devrait pouvoir capter votre intérêt. Il vous offre en l'espèce l'opportunité de conduire sous la pluie, par tous les temps et en toute sécurité grâce à une parfaite visibilité !

APPLICATION À VOTRE ENTREPRISE

Afin de vous exercer à présenter vos CAB, autrement dit à décliner les Caractéristiques de votre offre en Avantages et Bénéfices pour vos clients, mettez à profit le tableau suivant.

**Dans votre métier,
déclinez quelques CAB concernant vos produits ou solutions**

Caractéristiques (particularités)	Avantages (les plus du produit)	Bénéfices (les plus pour le client)

Sachez choisir l'argument qui fait mouche

Dans mon livre *Concevoir et piloter un plan d'actions commerciales*[1] je rapporte que les dirigeants américains sont friands de ce qu'ils appellent le *silver bullet*. Il s'agit, en résumé, d'annoncer à son client un argument qui tue toute velléité chez lui d'aller voir ailleurs. Or, au cours d'un entretien comment trouver votre *silver bullet* ?

---

1. *Op. cit.*, p. 4.

Quel argument choisir dans l'arsenal des bénéfices qu'offrent mes produits, vous demandez-vous ? Celui qui offre le bénéfice auquel notre interlocuteur est le plus sensible. J'appelle ce point d'hypersensibilité le point de Closing.

Le point « C », comme Closing

Soyez pro ! N'arrosez pas vos clients de bénéfices dont ils n'ont que faire. Pour impacter votre vis-à-vis, visez son point « C ». Ce point d'hypersensibilité sur lequel votre interlocuteur trouvera, dans le bénéfice que vous lui présentez, une réponse satisfaisante à ses attentes et préoccupations profondes. Vous limiterez ainsi vos problèmes de Closing.

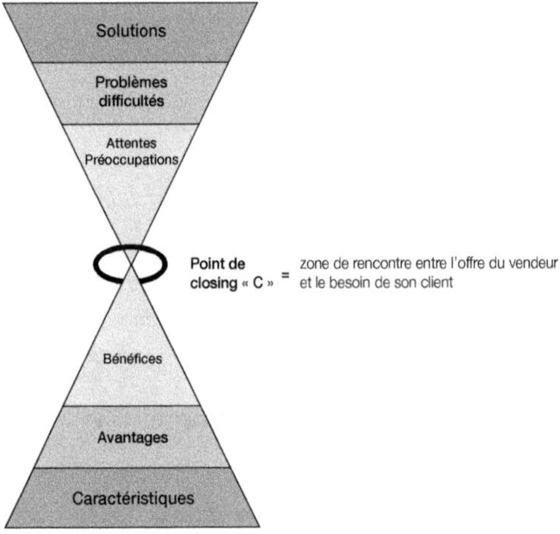

Le point « de Closing » est le point d'hypersensibilité de votre client où le bénéfice que vous lui offrez correspond à ses attentes et préoccupations profondes

En reprenant l'exemple de notre essuie-glace, convenons que deux préoccupations sont possibles chez un prospect : la sécurité et l'économie. Chacune d'elles est un point « C ». Si la sécurité est repérée comme le centre d'intérêt de notre interlocuteur, notre argument se développera ainsi : « *La caractéristique de notre essuie-glace est de disposer d'un balai en polypropylène. L'avantage du polypropylène sur le caoutchouc est de mieux adhérer au pare-brise. Il s'ensuit une meilleure visibilité et par là une conduite en toute sécurité par temps de pluie.* » Si *a contrario*, c'est l'économie qui est recherchée, la caractéristique de notre essuie-glace est toujours de disposer d'un balai en polypropylène. Mais cette fois l'avantage du polypropylène qui devra être avancé est de mieux résister aux chocs thermiques et à l'usure prématurée due aux variations climatiques, par conséquent de bénéficier d'une durée de vie beaucoup plus longue, occasion de substantielles économies.

Et le Closing dans tout cela ? Gageons qu'il est grandement facilité par une tentative de conclusion partielle.

Enchaînez sur une tentative de conclusion sur le bénéfice client

Un vieux dicton de la vente prétend que trois OUI suffisent à entraîner l'accord de nos clients. S'il en est ainsi, une élégante façon, d'obtenir ces satanés *petits oui*, facilitateurs de décision positive, réside dans la demande de validation de nos arguments. Le moyen est simple et efficace. Pour cela il vous suffit de solliciter votre interlocuteur sur la pertinence de chaque argument développé et sur l'intérêt du bénéfice qu'il véhicule. Le risque d'un « *non* » est très faible. La cible étant préalablement clairement et sûrement identifiée, je veux dire le point « C » d'hypersensibilité prédéterminé, l'acquiescement sera obtenu sans difficulté.

Le procédé des conclusions sur bénéfice doit devenir un véritable réflexe chez vous. Pour cela prenez l'habitude de faire suivre chacun de vos arguments par une des formules suivantes :

- *« Cela résoudrait votre problème, qu'en dites-vous ? »*
- *« C'est bien, n'est-ce pas ? »*
- *« Cela vous plairait ? »*
- *« D'accord ? »*
- *« Qu'en pensez-vous ? »*
- *« Qu'en dites-vous ? »*
- *« Intéressant, n'est-ce pas ? »*

— « Cela vous irait ? »
— « Alors ? »
— « Ce serait bien ? »

Souvenez-vous. Le travail de la vente revient à conduire nos clients à abandonner une position de non-achat pour celle, plus positive, d'achat. Le client adopte par la conclusion partielle une attitude positive. Chaque fois que notre interlocuteur prononcera un « oui », aussi modeste soit-il, c'est l'une des amarres qui le retenait à l'embarcadère du non-achat qui aura rompu.

Le « *oui* » est comme une indication donnée au commercial. C'est la reconnaissance qu'il travaille dans le bon sens. Au fond, ces accords répétés sont des encouragements. Un clou dans du chêne massif ne saurait s'enfoncer en un seul coup de marteau !

Chapitre 9

LES 8 SIGNAUX DU CLIENT PRÊT À BASCULER[1]

> «
>
> – *Tu sais, j'ai la trouille de conclure.*
>
> – *Que crains-tu au juste ?*
>
> – *De me prendre une veste, pardi !*
>
> – *Qu'est-ce que tu en as à faire ?*
>
> – *Je vais être ridicule !*
>
> – *Pas du tout ! Il y a des signaux qui t'indiquent le moment propice pour conclure sans risque.*
>
> – *Ah oui, lesquels ?*
>
> – *Je vais finir par te demander des honoraires !*
>
> »

Existe-t-il des moments plus privilégiés que d'autres pour introduire nos tentatives de conclusion ? Bien sincèrement, je n'en suis pas persuadé. Il m'arrive quelquefois de commencer mes entretiens par une proposition-test (*cf.* plus loin le chapitre consacré à ce mode de conclusion). Informer, en début d'entretien, son interlocuteur que l'on est venu le rencontrer dans l'espoir de le convaincre de l'intérêt des solutions que nous proposons est en soi une façon de conclure en affirmant haut et fort : « *Je suis venu pour vous*

---

1. Approfondissement recommandé : vidéo N° 12 – *Les bonnes techniques de conclusion –* Rubrique formation en ligne – www.forventor.fr

vendre quelque chose, êtes-vous d'accord pour que j'essaie ? » Les commerciaux qui commencent leurs entretiens en demandant à leur interlocuteur à quel moment ils envisagent de changer tel ou tel matériel, les soumettent eux aussi à une tentative de première conclusion. C'est infiniment mieux et plus crédible que les dénégations qui laissent entendre que l'on n'a rien à vendre !

Un chargé de clientèle en assurance-vie, m'entendant exprimer ce point de vue en séminaire, me fit savoir qu'il lui arrivait de pratiquer de façon similaire et de commencer souvent ses entretiens de vente par la conclusion. Sa façon de s'y prendre était tout à fait surprenante. Il avançait à son interlocuteur, de manière détachée, qu'il faisait gagner beaucoup d'argent à ses clients grâce à un nouveau produit financier, hors du commun. Puis, il observait un long silence, sans donner d'autre précision. Enfin, il regardait son interlocuteur et lui disait : « *Vous, j'ai l'impression que l'argent ne vous intéresse pas...* » Il se levait alors et faisait mine de partir. Il n'a, prétendait-il, jamais rencontré un client qui ne l'ait pas arrêté dans son élan pour lui dire : « *Attendez ! Ne vous sauvez pas. Parlez-moi un peu de votre produit. – Je veux bien...* répliquait-il, *à condition que vous me disiez en quoi cela vous intéresse de savoir comment je peux vous faire gagner de l'argent.* » Il observait alors un mutisme total, laissant à l'autre, dévoré par l'envie suscitée, le soin d'exprimer son intérêt pour l'argent et ses difficultés à trouver de bons placements. S'il est vrai que la chance sourit aux audacieux, voilà tout bonnement pourquoi.

Si la conclusion peut se tenter à n'importe quel moment de l'entretien, même au tout début, il est des instants plus propices que d'autres pour cela. Nos clients sont bons princes. Par leurs attitudes, leurs comportements, leurs gestuelles ou de toutes autres manières, ils nous indiquent que le temps est venu pour nous de conclure. Savoir repérer cette indication offre le formidable moyen de conclure à bon escient et sans courir le risque d'un désagréable refus. Les pêcheurs à la ligne appellent cela *avoir la touche fine.*

Huit signaux nous sont ainsi communiqués par nos prospects. L'émission d'un ou deux d'entre eux doit suffire à nous décider à conclure.

Le client argumente à votre place

Voilà un signal fort et qui ne trompe pas. Afin de mieux se convaincre, il n'est pas rare que nos interlocuteurs développent eux-mêmes des arguments en faveur de la rentabilité de ce que nous leur proposons. C'est avec plaisir que nous les entendons dire : « *... et ça évite d'avoir à acheter ceci ou cela* » ou « *C'est un peu plus cher mais au moins on sera tranquille* ». Ces affirmations sont la preuve d'un débat intérieur qui tourne à la faveur du « *oui* ». Le moment est venu de leur prêter main-forte. Il nous faut abonder dans leur sens, acquiescer à leurs arguments et en proposer un supplémentaire sagement conservé en réserve ; puis proposer *de passer à la nécessaire phase administrative des choses*.

Quand les objections s'amoindrissent

Les objections, nous l'avons vu plus haut, sont la voie négative empruntée par nos clients pour consentir à explorer comment et pourquoi, ce que nous leur proposons, pourraient les aider à surmonter leurs difficultés ou régleraient leurs problèmes. Par définition sur la défensive et appartenant au front du refus, ils veillent ainsi à se montrer ni engageant ni engagé. En cela rien d'anormal ! Il est intéressant de noter que leurs objections les plus importantes viennent souvent en premier. Tout se passe comme s'ils envoyaient tout d'abord l'artillerie lourde et l'aviation. Puis, ayant épuisé une à une leurs munitions, les voilà obligés à se battre à mains nues. Leurs objections deviennent mineures ou secondaires. Le sac s'est soudainement vidé. C'est d'une certaine manière leur façon, toujours un peu négative, de se persuader qu'à peu de chose près ils font un bon achat et de nous faire savoir que le moment est venu pour nous de conclure. C'est ainsi qu'ils vous déclarent, par exemple, que tel accessoire leur apparaît superflu ou que tel ou tel détail leur déplaît, mais c'est au fond sans importance.

Quand les objections se font questions

S'il est une indication qu'une modification psychique majeure est en train de s'opérer chez nos clients potentiels, c'est bien quand ceux-ci n'objectent plus mais nous questionnent. En bonne logique, nous dirons qu'ils ont abandonné le rivage du « *non* » pour entamer la traversée, quelquefois douloureuse, vers celui du « *oui* ». Pour cela, ils adoptent une vue plus positive des choses : ils questionnent ! « *Dites-moi, votre logiciel, permet-il de faire (ceci...) ou d'obtenir (cela...) ?* » vous demandent-ils. Tentez de cerner le bénéfice recherché par votre vis-à-vis, en répondant à votre tour à la question par une question du style : « *En quoi est-ce important pour vous ?* » ou tout aussi bien « *Que souhaitez-vous, au juste ?* ». La réponse du client vous indiquera, outre son centre d'intérêt, que le moment du Closing approche à grands pas.

Si le prix est demandé en fin d'entretien

Le prix est la contrepartie qu'un acheteur doit acquitter en échange des bénéfices offerts par nos produits ou nos solutions. Le bon prix est la juste rémunération de ce que nous leur apportons. De sorte que l'on peut dire que prix et bénéfices sont les deux faces indissociables d'une même pièce. Certains clients, comme pour se persuader de ne pas acheter et ériger ainsi des barrières contre leurs désirs, demandent souvent très tôt dans l'entretien combien vaut ce que nous leur proposons. D'autres au contraire, plus objectifs et positifs, consentent à réfléchir avec nous aux avantages et profits à retirer des solutions que nous leur avançons. Ce n'est que dans un second temps qu'ils posent le problème du débours nécessaire pour en bénéficier. C'est de leur part un signal fort qui nous indique qu'ils sont entrés en phase de décision et que, pour nous, l'heure de conclure a sonné.

Comment pratiquer ? Je développe largement dans l'un de mes livres les techniques concernant cet aspect des choses[1]. Ici, contentons-nous d'observer qu'il est fort dommageable de donner le prix sans avoir obtenu l'accord de principe sur le produit. Pour ce faire, demandez : « *Je vais vous donner le prix, mais auparavant je voudrais savoir si, hormis l'aspect prix, vous êtes d'accord sur le principe de ce que je vous ai dit ou voyez-vous une objection ?* »

---

1. *Ibid*, p. 33.

Vous validerez ainsi l'accord de votre client et ce faisant vous aurez, en partie, conclu votre vente. Il vous restera alors à avancer votre prix et les arguments de rentabilité le justifiant[1].

Lorsque les questions deviennent sans importance

Un signal fort d'achat est véhiculé par les questions de détail et points annexes que soulèvent nos clients. Ces questions démontrent que la décision est déjà prise et qu'il ne s'agit plus pour le prospect que de se rassurer et de faire traîner un peu les choses. Pour cela, vous pouvez tout bonnement demander : « *Cette question est-elle vraiment importante pour vous ?* » Puis, après avoir obtenu une réponse négative, proposez de rédiger le bon de commande.

La gestuelle indique quelquefois que le moment est venu

Forventor attache la plus grande importance au perfectionnement des commerciaux en matière de communication non verbale. Savoir décoder les postures, les mimiques, les rires, les regards et autres froncements de sourcil ou mouvements de main, pour saisir les signaux d'accord ou de désaccord de ceux avec qui nous échangeons, nous apparaît un point essentiel pour améliorer significativement les performances commerciales. La vérité est que l'on pense avec tout notre corps. Lorsque nous faisons des gestes alors que nous téléphonons, ceux-ci ne sont d'aucun secours à nos interlocuteurs pour nous comprendre. Et pourtant nous les faisons. C'est notre façon de nous repérer dans l'espace et la pensée. Apprendre à lire et traduire la gestuelle est un fabuleux moyen d'accéder à autrui. Bien évidemment, cet apprentissage est long et un ouvrage tout entier n'y suffirait pas. Nous nous contenterons ici de quelques mots pour éveiller la conscience des lecteurs sur ce sujet.

Nous l'avons dit précédemment, nos clients ont aussi peur de leur « *oui* » que nous de leur « *non* » ! Le stress ou l'émotion que

---

1. Approfondissement recommandé : vidéos N° 16 (1 et 2) – *Comment faire passer votre prix –* Rubrique formation en ligne – www.forventor.fr

transporte la prise de décision s'exprime de façon corporelle. Pincement de lèvres, torsion de la bouche, froncements de sourcils sont les indicateurs de tensions psychiques fréquemment objectivables au moment de prises de décision délicates. Souvenons-nous qu'un client a besoin de nous pour passer à l'acte et rompre les amarres qui le retiennent au rivage du non. Le « *oui* » lui fait peur. Sans doute parce qu'il est irréversible. Aidons-le à dire « *oui* » ! Cela est une partie de notre mission. Une sorte de devoir à accomplir pour l'aider à porter le fardeau de la décision. En observant ses expressions corporelles, vous saurez quand solliciter votre interlocuteur sur ce qui le fait hésiter ou encore voir que le moment est venu pour lui demander : « *Pourquoi n'essayeriez-vous pas ?* » Les signaux corporels sont le faire-part d'une invitation à conclure. Ne la manquez pas !

Quand votre client se met à calculer

S'il est un moment de l'entretien de vente proche du dénouement c'est quand nos clients se livrent à des calculs. Leur cuisine comptable vise soit à apaiser leurs inquiétudes budgétaires soit à vérifier la rentabilité de l'investissement envisagé. Dans les deux cas, leurs interrogations sont légitimes. Elles indiquent qu'une décision favorable est possible et qu'ils en vérifient la faisabilité. Faut-il interférer dans ce délicat moment ? La vérité est qu'une décision est en train de se prendre. Le mieux est sans nul doute, dans un premier temps, de laisser s'effectuer librement lesdits calculs. Puis, dans un second temps, de proposer d'y participer. Une erreur arithmétique est si vite arrivée... Alors ne les abandonnez pas si près du but. **Concluez**, si vous ne voulez pas qu'ils concluent à votre place, dans un sens qui risque de vous être moins favorable.

Quand le client se projette dans l'avenir : achat ou décision prise

Pour se projeter dans un futur immédiat, il est nécessaire d'avoir accepté l'idée que ce futur puisse se réaliser. Ainsi, quand un client est capable d'indiquer à un commercial l'endroit où il pense mettre le fauteuil pour lequel il est démarché, nous pouvons convenir que ce dernier est bien proche de prendre une décision favorable à l'achat dudit fauteuil. L'aptitude à se projeter est une indication forte d'une décision proche et positive.

Chapitre 10

LES PROPOSITIONS-TESTS[1]

> «
>
> — *Tu sais quoi ? J'ai essayé ta conclusion sur le bénéfice.*
>
> — *Alors ?*
>
> — *Alors, ça mord... c'est sûr ça mord ! Et maintenant comment exploiter ?*
>
> — *Fais un test. Propose un dîner aux chandelles.*
>
> — *T'es pas bien ?*
>
> — *Si, de façon hyper soft, tu lui demandes : « Ça te dirait un dîner aux chandelles, juste toi et moi ? »*
>
> — *Et si c'est « non » ?*
>
> — *Le « non » porte sur le test et pas sur le principal. C'est moins grave. L'honneur sera sauf. Tu sauras à quoi t'en tenir et comme porte de sortie tu diras que c'est dommage car tu ne sais décidément pas quoi faire de ce dîner à La Tour d'Argent que tu as gagné pour deux personnes.*
>
> »

Parvenu à ce stade, les choses se compliquent. Décidément les effets d'entraînement de nos différentes tentatives n'y suffisent pas. Notre interlocuteur n'a toujours pas pris en charge sa part de

---

1. Approfondissement recommandé : vidéo N° 12 – *Les bonnes techniques de conclusion* – Rubrique formation en ligne – www.forventor.fr

Closing. Reformulation dûment validée, suggestion d'une solution bénéfique, conclusions partielles, rien n'y a fait. Il va falloir y passer. La conclusion nous incombe !

Quelle conclusion choisir ? Il arrive que nous hésitions. En vérité nous ne savons pas si notre vis-à-vis est entré dans une phase favorable de décision ou s'il en est encore loin. Quel chemin lui reste-t-il à parcourir ou encore quelles objections peut-il rencontrer ? Ici réside l'intérêt d'effectuer une proposition qui servira de test. C'est cette façon de procéder que nous allons examiner.

En quoi consiste la proposition-test ?

La prudence est mère de sûreté, dit-on. En ce sens la proposition-test emprunte cette voie. Elle fait fonction de thermomètre. Elle permet une prise de température de votre client et de savoir ainsi s'il est « *chaud ou pas* » pour passer à l'acte. Pour ce faire, il vous faut vous situer délibérément et très officiellement dans l'hypothèse où votre interlocuteur serait d'accord pour signer.

Deux exemples illustreront tout cela de meilleure façon qu'un fastidieux discours : « *Dans la mesure où vous seriez d'accord pour souscrire à ma proposition, souhaiteriez-vous être livré immédiatement ?* ». Ou encore : « *Admettons que vous vous décidiez à changer votre voiture, quel modèle prendriez-vous ?* »

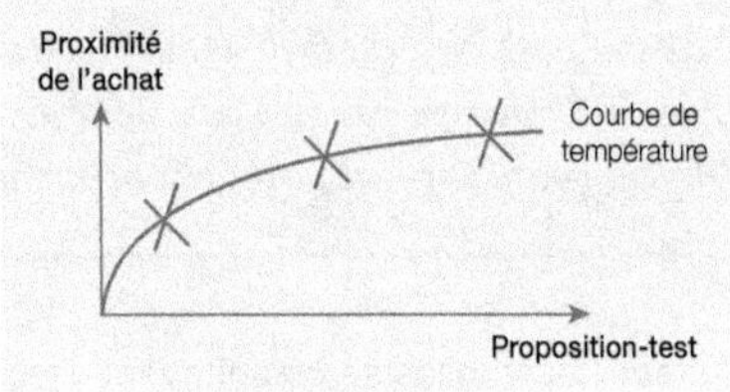

Idéalement trois propositions-tests sont nécessaires.

La première, que l'on peut intituler P1, est conçue pour pouvoir être avancée très tôt dans l'entretien. Voici par exemple chez l'un de nos clients dans le monde de la distribution de la papeterie celle que nous sommes convenus avec l'équipe commerciale d'énoncer en début d'entretien : « *Si j'ai le plaisir de travailler avec vous, à quel rythme souhaitez-vous que je vous visite[1] ?* »

La deuxième, dite P2, est un missile à lancer en milieu de conversation. Dans la même entreprise de papeterie voici la proposition retenue : « *Si vous vous décidez à nous passer commande, envisagez-vous d'utiliser notre logiciel de transmission informatique pour transmettre vos ordres ?* »

La troisième, P3, proche de la fin, invite le prospect à se prononcer plus avant : « *Pensez-vous que cela nous ferait gagner du temps si nous ouvrions un compte ?* »

Quels sont les avantages de la proposition-test ?

L'avantage premier de pratiquer ainsi est d'obtenir une réponse indicative du chemin qu'il reste à parcourir, aussi bien au vendeur pour obtenir la commande qu'à l'acheteur pour la lui donner. « *Si je me décide à passer commande c'est pour une livraison immédiate* » est très différent de « *Rien ne presse* » ou plus encore de « *Je n'en suis pas là...* ». Autrement dit, la position que sa réponse va véhiculer, donne une information majeure sur son degré de perméabilité à l'idée d'acheter ou de signer le contrat envisagé. Il va donc donner une véritable courbe de température qui, de proposition-test en proposition-test, va se construire et s'étalonner. Le commercial saura apprécier, au fur et à mesure des réponses apportées, *le pas d'avancement* et les progrès réalisés.

Quatre avantages non négligeables viennent alimenter l'intérêt principal d'emprunter cette manière de procéder :

1. La proposition-test rappelle l'enjeu de l'entretien : un achat.
   Cela rappelle tout d'abord à notre interlocuteur que c'est de lui vendre dont il s'agit et de le faire signer, et non de discuter à bâtons rompus et de palabrer pour le seul plaisir de faire semblant...

---

1. La faute de concordance des temps est faite à dessein. Utiliser le présent au lieu et place du conditionnel invite plus fermement, et de façon plus engageante, l'interlocuteur à se positionner par rapport à l'hypothèse émise.

2. Elle permet d'obtenir un « oui » supplémentaire.

Obtenir un petit oui supplémentaire rapproche chaque fois un peu plus du grand « oui » final tant espéré. Elle habitue ainsi gentiment notre client à l'idée de signer. Cela constitue un avantage sous-jacent à la proposition-test nullement négligeable.

3. Elle invite enfin les récalcitrants à émettre de fructueuses objections.

Inciter l'interlocuteur à se livrer à de nouvelles objections, à mettre au jour tout ce qui l'empêche de passer à l'acte et fournir une mine d'informations au vendeur est également l'un des intérêts de la proposition-test. Fort de ces éclaircissements, nous allons pouvoir les exploiter aux fins d'obtenir une conclusion finale favorable.

4. Elle permet de se repérer.

Il est des moments dans la vente où nos clients, par d'incessantes digressions ou d'inutiles bavardages, viennent à nous égarer. Tant et si bien que nous ne savons plus où nous en sommes. La proposition-test est une formidable boussole pour nous repérer. Moins vous savez où vous en êtes et plus je vous conseille d'utiliser une proposition proche de la conclusion finale. N'hésitez pas. Le pire qu'il puisse arriver est que votre client vous signifie qu'il n'en est pas encore arrivé là ! Certains participants à nos séminaires me disent aller jusqu'à faire mine de sortir leur bon de commande en se contentant d'une onomatopée du genre « bon » ou « bien » pour sonder l'état d'avancement de leurs clients.

APPLICATION À VOTRE ENTREPRISE

Plus les formules de conclusions mises en œuvre s'apparentent à une demande directe et non voilée adressée à nos clients, plus délicat est leur énoncé. Les préparer pour les prononcer sans trace d'émotion ni bafouillage est gage de réussite. C'est pourquoi je vous invite à rechercher quelles sont les trois propositions-tests que vous pourriez formuler le cas échéant. Je propose que vous les mettiez au point par famille de produits. Un jour, ces thermomètres vous seront d'un précieux secours.

**Dans votre métier,
quelles sont les trois propositions–tests
que vous pourriez formuler ?**

Proposition P1

Proposition P2

Proposition P3

Chapitre 11

LA CONCLUSION DIRECTE[1]

— Alors ta proposition de dîner aux chandelles ?

— J'ai obtenu un accord sur le principe.

— Bravo ! Cette fois tu dois mettre la gomme ! Enfin ouvre tout de même un parachute, dis-lui : « Vois-tu un inconvénient à ce que l'on prenne date ? »

— Quel est l'intérêt ?

— Ça fait avancer le truc et tu sauras si c'est un vrai « oui » ou s'il y a des objections dans l'ombre.

— Et si c'est un vrai « non » ?

— Si ça bloque, tu veux dire ? Alors, tu sauras pourquoi et ainsi tu pourras en discuter.

— C'est pas très clair ton truc, explique.

Quand on veut une commande, le mieux est certainement de la demander. La conclusion directe est une proposition clairement adressée au client. Elle consiste à lui demander si, à défaut d'une objection ou d'une question qui serait encore en suspens, il est prêt à signer.

---

1. Approfondissement recommandé : vidéo N° 12 – *Les bonnes techniques de conclusion* – Rubrique formation en ligne – www.forventor.fr

▰▰▰▰ **La méthode**

Pour développer une conclusion directe, vous vous adressez à votre prospect directement et sans ambages et lui demandez, en le regardant bien droit dans les yeux :

- *« Voyez-vous une objection à ce que j'ouvre votre compte ? »*,

ou

- *« Bien, si tout est clair, on peut peut-être passer à la phase administrative des choses ? »*,

ou aussi bien

- *« Y a-t-il un empêchement à ce que j'enregistre dès maintenant votre accord ? »*,

ou encore

- *« Voyez-vous une raison pour que je n'enregistre pas votre commande dès maintenant ? »*

En bref, il s'agit d'offrir un choix très précis et limité : objecter ou signer !

Les objections ayant été réfutées une à une, le client se trouve d'une certaine manière *dos au mur*. En l'absence d'un ultime désaccord à faire valoir, ou quelques fausses barbes du genre « *il faut que je réfléchisse*[1] », rien ne s'oppose, en bonne logique, à ce qu'il consente à signer votre bon de commande ou la convention que vous lui proposez.

▰▰▰▰ **Son avantage**

Convenons qu'à défaut d'avoir répondu à toutes les légitimes interrogations ou objections d'un acheteur potentiel, toute tentative de conclusion serait probablement vouée à l'échec. Pour tenir compte

---

1. Voir plus loin le chapitre portant sur les conclusions en retour à des ultimes ou pseudo-objections.

de cette incontournable contrainte de devoir lever toutes les objections, le mieux est sans nul doute de les solliciter ouvertement. Pressés par la crainte d'un refus tant redouté ou, rongés par l'impatience de savoir si *c'est oui ou non*, nombreux sont les commerciaux qui ne savent pas attendre que tous les obstacles à la décision soient surmontés. Ils font l'impasse sur cette étape majeure qui consiste à mettre leur vis-à-vis au pied du mur en l'invitant à faire face à ses éventuelles contradictions : signer ou objecter !

En réalité, tant qu'un acheteur potentiel nous abreuve de ses préoccupations ou objections, le moteur de l'entretien tourne ! Les choses ne se gâtent que lorsque le moteur s'arrête, autrement dit lorsqu'il prend position par une décision négative. L'avantage de cette formule est principalement d'éviter que le moteur ne tombe en panne. En sollicitant élégamment notre interlocuteur sur le point de savoir s'il n'a pas une dernière objection à formuler, nous l'enfermons dans la logique de ne disposer d'aucune raison de retarder plus avant sa décision d'achat ou de commande.

Le rôle du silence

Toute question mérite réponse. C'est pourquoi le moment sans nul doute le plus important de la conclusion directe est de savoir attendre solennellement la réponse dans un silence quasi religieux. *Le silence est d'or*, dit-on. Alors faites silence. Chaque mot prononcé après l'énoncé de notre proposition directe offre une échappatoire à l'acheteur. Autant de délai qui lui serait à nouveau donné et avec, l'occasion de s'évader ou de découvrir une nouvelle bonne raison pour justifier son refus d'acheter. C'est pour cette raison que les grands professionnels de la vente, parvenus à ce stade de la conclusion directe, laissent, à la seule initiative de leurs clients, la rupture du silence. Bien évidemment ce silence est, quel que soit le mode de conclusion retenu, de rigueur. Mais dans la conclusion directe, comme dans la conclusion alternative développée au prochain chapitre, il revêt une importance particulière. S'agissant d'offrir un choix entre une objection ou un accord, l'obtention de la réponse est la clef de la réussite.

▓▓▓▓▓ À qui s'adresse ce type de conclusion ?

La conclusion directe est très adaptée à la forte personnalité de certains clients (et de certains vendeurs). Je pense plus particulièrement à la catégorie des leaders appelés encore dominants[1]. Ceux-là sont capables de décider seuls. Ils n'aiment pas qu'on leur force la main. Le silence est une sorte de reconnaissance du respect qu'ils imposent. En revanche, cette méthode n'a pas la préférence de nombreux commerciaux. Poser directement et concrètement la question leur est difficile. Cela est angoissant pour eux. Ils s'exposent ainsi au verdict qu'ils craignent tant : un refus ! Beaucoup préfèrent emprunter les voies d'une conclusion plus soft et avancent une proposition alternative. Avant d'étudier celle-ci, nous allons préalablement nous entraîner à la pratique de la conclusion directe.

APPLICATION À VOTRE ENTREPRISE

Exercice individuel : Entraînement à la conclusion directe.

Afin de vous familiariser avec cette démarche, établissez le tableau qui vous permettra de formuler pour vos produits ou solutions des conclusions directes adaptées.

**Dans votre métier,
comment formuler vos conclusions directes ?**

| |
| |
| |
| |
| |
| |
| |
| |
| |

---

1. *Ibid*, p. 33.

Chapitre 12

L'OFFRE D'UNE ALTERNATIVE[1]

> **"**
>
> — *Je n'ai pas osé ta conclusion directe. J'la sentais mal.*
>
> — *Pourquoi ?*
>
> — *Ta formule « Vois-tu un inconvénient à ce que... nanana nanani... » je ne la sens pas. C'est trop hard pour moi !*
>
> — *Alors propose-lui une alternative.*
>
> — *C'est quoi ça encore ?*
>
> — *Il s'agit de lui demander d'exprimer sa préférence entre « oui » et « oui ». Avoue que le ton risque est faible. C'est la formule préférée des pétochards !*
>
> **"**

Nombreux sont les clients qui éprouvent quelques difficultés à se décider. Notre rôle est bien sûr de les y aider. Or, force est de constater que l'on peut distinguer deux types de problèmes liés au processus de décision. Au premier type de problèmes se trouvent ceux attachés à la décision elle-même. Acheter ou ne pas acheter ? Toute acquisition est budgétivore. En ce sens, à l'exception de quelques bienheureux princes, un achat, dans notre bas monde, se fait obligatoirement au détriment d'un autre. On achète une voiture

---

1. Approfondissement recommandé : vidéo N° 12 – *Les bonnes techniques de conclusion* – Rubrique formation en ligne – www.forventor.fr

en réduisant son budget vacances et on sacrifie à la tyrannie du *ou* en rejetant fermement les sirènes du *et*. C'est pourquoi un achat est générateur d'immanquables frustrations. Cela explique une partie du débat intérieur mené subjectivement par tout acquéreur d'un bien ou service. Le second type de problèmes survient, sa décision de principe d'acheter une fois prise. Il lui reste à choisir le modèle, la couleur, la taille, etc. Nouveau débat. Un bon choix maximisera sa satisfaction et minimisera sa frustration. Là où le problème se complique fréquemment, est que ces deux aspects du processus de décision se mêlent intimement au point de se mélanger dans l'esprit de celui qui achète. Si je fais choix d'un modèle qui ne me convient pas, je réduis ma satisfaction et j'augmente ma frustration. Envisager cette éventualité conduit parfois le client à reconsidérer le bien-fondé de son achat.

La technique de l'alternative

Alors que la conclusion directe porte sur la détermination d'acheter, la conclusion alternative privilégie le second aspect du processus de décision : le choix du modèle ou d'une option. L'interlocuteur est censé avoir dépassé le stade de la décision. Au lieu de le mettre au pied du mur par une conclusion directe, certains commerciaux, de peur d'essuyer un refus offensant, préfèrent se situer au-delà. Au travers de la conclusion alternative, le vendeur va inviter son client à opter pour un modèle ou un autre, pour une couleur ou une autre, pour telle ou telle caractéristique technique. En bref, se rattache à la technique de la conclusion alternative, toute forme de proposition qui sous-entend la détermination du client à acheter et qui l'invite à préciser les spécifications de sa commande. « *Votre photocopieur, vous souhaitez que je vous le livre équipé avec l'agrafage ou préférez-vous que je vous installe l'agrafage plus tard ? Je vous le livre dès maintenant ou vous préférez le mois prochain ? Le contrat de prêt immobilier doit-il prévoir une assurance décès sur une ou deux têtes, à 50 ou 100 % ? Pour votre magasin, préférez-vous prendre 3, 4 ou 6 mètres linéaires ?* » En résumé, tout choix qui donne l'occasion à un client d'exprimer sa préférence sur un point de détail fait l'affaire.

Intérêt et inconvénients de la technique de l'alternative

Alors que la proposition-test conduit rapidement le client à prendre position, *a contrario* l'alternative a pour défaut de faire mécaniquement traîner en longueur les entretiens de vente. En outre, cette technique est quelque peu manipulatrice. Elle revient à conduire le client à officialiser sa décision d'achat sur un point de détail, une option, en se gardant de le solliciter sur l'objet principal : l'accord d'achat. Cette technique est souvent l'apanage des mauvais *closers*... ceux qui préfèrent entortiller leurs clients que de courir le risque d'affronter un refus.

Mais emprunter cette voie pour emporter l'accord présente néanmoins quelques avantages. Remarquons tout d'abord qu'elle est indispensable quand l'accord de l'interlocuteur est de toute évidence sous-entendu. Sous peine d'apparaître ridicule, on n'enfonce pas une porte ouverte. Observons par ailleurs que cette technique est très adaptée aux clients quelque peu influençables. Je pense à tous ceux qui éprouvent le besoin de se laisser porter ou conduire par le vendeur ou encore à ceux qui ressentent quelques difficultés à opérer un choix. Ils décident au fond sans avoir à le faire. Cela soulage grandement la décision chez ce genre de personnes. Transformer un choix délicat en un choix secondaire est de ce point de vue une bonne tactique. Son troisième avantage est de permettre l'évitement. Quand on ne souhaite pas entendre une réponse négative le mieux est sans nul doute de ne pas poser la question qui l'appelle. Cela évite ce cas de figure. Enfin, une proposition alternative rend plus pesante pour le prospect l'expression de son refus d'acheter. Dire « *Attendez, nous n'en sommes pas là, je ne vous ai pas dit encore que j'allais acheter, je n'ai pas encore pris ma décision* » mobilise une certaine énergie dont tous nos clients ne sont pas capables.

Dans quelles circonstances l'utiliser ?

Les grands pêcheurs à la ligne se glorifient de *toucher fin*. Ils désignent ainsi le tour de main qui leur permet de ferrer le poisson au moment de la mise en bouche de l'appât. En bref, au bon instant et sans traîner ! D'une certaine manière, la conclusion directe et la proposition-test en sont les illustrations en matière de vente. Elles viennent juste à temps. C'est la marque des grands vendeurs. En revanche, pour prolonger la métaphore, la proposition alternative est l'apanage des commerciaux qui attendent que le bouchon ait depuis longtemps disparu sous l'eau avant de se persuader qu'il est grand temps d'agir ! En bref, leur touche n'est pas très fine. Leurs clients, après avoir émis de nombreux signaux d'achat, au point de s'interroger sur la couleur, la date ou toute autre précision, ne comprendraient pas entendre formuler une interrogation totalement décalée telle que « *Voyez-vous une objection à ce que j'enregistre votre commande ?* ». En la circonstance, la proposition alternative est infiniment mieux appropriée. Elle permet au vendeur de rattraper le « train » et de le prendre en marche. S'il est de bon aloi, lors du diagnostic besoin que le commercial suive son client, il lui faut *a contrario* le devancer à l'approche du stade de la conclusion. L'alternative est l'élégante manière de « le rattraper » quand celui-ci est entré, sans que l'on y prenne garde, en phase active de décision.

Si cette façon de procéder est très adaptée aux indécis, la méthode s'avère très délicate avec les clients qui présentent une forte personnalité ou qui ne sont pas encore décidés. Sauter l'étape de la conclusion directe et leur donner l'impression de leur forcer la main peut être plus ou moins bien ressenti. On s'expose alors à des représailles. C'est dire qu'avancer une offre alternative nécessite un peu de psychologie et de sens du *timing*.

APPLICATION À VOTRE ENTREPRISE

Exercice individuel : Entraînement à la proposition alternative.

Afin de vous familiariser avec cette démarche, établissez le tableau qui vous permettra de formuler, pour vos produits ou solutions, des offres alternatives propres à décider le client en utilisant le tableau qui suit.

**Dans votre métier,
quelles propositions alternatives
pouvez-vous présenter à vos clients ?**

Chapitre 13

CINQ AUTRES ASTUCES POUR CONCLURE AISÉMENT[1]

> – T'as pas d'autres combines en magasin, pour conclure ?
>
> – Y' en a cinq autres...
>
> – Mais encore ?
>
> – Par exemple, tu l'invites à se lâcher un peu, à faire une petite folie, quoi. Zut, après tout, il n'y a pas de mal à se faire du bien !

Conclusion partielle, conclusion directe et conclusion alternative forment à elles trois, les principales voies offertes à un commercial pour obtenir une décision favorable de ses clients. Cinq autres, moins usitées et pourtant très efficaces, peuvent compléter la panoplie. Ce sont :

> l'invitation à « se lâcher » ;

> la validation logique ;

> la technique du petit chien ;

> la mise en balance ;

> l'astuce de la patate chaude.

Il plaît à nos clients de les entendre.

---

1. Approfondissement recommandé : vidéo N° 13 – *Obtenir la décision des indécis récalcitrants* – Rubrique formation en ligne – www.forventor.fr

L'invitation à « se lâcher »

Il est des individus que la sagesse populaire, par son discernement inné et quasi magique de la psychologie des êtres, désigne du vocable de « coincés » ou de « constipés ». Il est souvent dit de ceux-ci qu'ils vivent en serrant les fesses, prouvant par cette expression triviale la perception d'un comportement d'essence sphinctérienne. La technique de l'invitation à se lâcher, proche de la conclusion directe, revient à renvoyer l'interlocuteur aux profondeurs de son inconscient infantile. Au moment très structurant que les psychologues appellent le « dressage sphinctérien », l'enfant découvre l'obligation du « pot ». Mais, assis sur son « trône » cette contrainte n'est pas sans bénéfice. Le voilà maître du jeu. Tant qu'il n'a pas « fait », il retarde le moment de devoir se coucher. De là l'intérêt de prendre son temps.

Les psychologues s'accordent sur ce lien étroit entre sphincter et pouvoir de décision, qui adulte perdure à propos de la prise de décision. Une fois celle-ci prise, les jeux sont faits, au propre comme au figuré. Il est impossible de faire marche arrière. La perte de pouvoir est sans retour. Alors, à la manière de ses parents qui le sollicitaient sur le point de savoir « s'il avait fait », dites simplement à ce genre d'interlocuteur : « *Allez on le fait* », « *Ce qui est fait n'est plus à faire* », « *Ce sera fait* » en insistant sur le mot magique : faire.

Cette fois ce n'est pas une signature que vous lui demandez mais pourquoi il ne sortirait pas de son enfermement, de ses interdits négatifs. Pourquoi n'ouvrirait-il pas droit à ses désirs ? Vous parlez comme si vous étiez une tierce personne amie, présente à l'entretien et qui, interpellant sa conscience, lui dirait : « *Et pourquoi ne pas y aller ?* » Une bonne solution pour lui faire envisager sérieusement de cesser de se retenir et de donner son accord.

La validation logique

La validation totale est une autre solution possible, très adaptée à ceux qui, parmi vous, ont le plus de difficultés à conclure. Elle consiste à demander à l'interlocuteur, après la présentation motivée de votre produit, de valider la conformité de votre offre avec ce qu'il recherche. Une simple question telle que : « *Est-ce que cela correspond à vos attentes ?* » ou mieux « *Est-ce que ce que je dis vous paraît logique ?* ». Ici la conclusion porte sur la justesse de la logique du raisonnement. Le client est conduit à reconnaître que le bénéfice offert fait bien solution aux difficultés et problèmes qu'il a préalablement exposés. Cette façon de procéder s'inspire de la conclusion partielle. Elle vise à valider une solution. Elle en diffère toutefois sur deux points : 1) La validation sollicitée ne porte pas sur un argument constitutif de l'offre mais sur la totalité de cette offre. 2) Elle porte sur la logique de notre raisonnement. Par voie de conséquence, il devient difficile pour le prospect d'adhérer à un raisonnement et de ne pas souscrire à l'achat. Cette technique revient, de manière très douce, à obtenir, soit un accord sur l'intérêt logique qu'offre notre solution, soit ce qui nous manque encore pour que l'adhésion se fasse sans restriction.

La technique du petit chien

Cette technique est quelquefois appelée la technique de « *l'essayer, c'est l'adopter !* ». En quoi consiste-t-elle ? À tout bonnement offrir l'occasion d'un essai pour quelques jours. En bref, de prendre en garde pour quelques jours le petit chien. Et quand un petit chien est amené à la maison, il devient difficile de s'en séparer...

La mise en balance

Ici l'astuce consiste à proposer, à un interlocuteur qui hésite, de dresser la balance des avantages et inconvénients de la solution que vous lui proposez. Vous avancerez que, dans un souci louable d'objectivité, vous allez prendre en charge l'énoncé des avantages et qu'il lui reviendra de dresser la liste des inconvénients. En règle générale les clients se livrent avec amusement à cet exercice. Qu'en ressort-il ? Que des bonnes choses ! D'une part votre vis-à-vis reconnaîtra un à un les avantages et bénéfices que votre proposition recèle. D'autre part, il vous livrera ses réticences et ses blocages sous la forme d'une liste d'inconvénients. Par expérience, nos clients n'en énoncent pas plus de deux ou trois, généralement mineurs. La balance penche tellement en faveur d'une décision positive qu'il ne nous reste plus qu'à la solliciter.

L'astuce de la patate chaude

Que faire d'une pomme de terre qui vous brûle les doigts au sortir de l'âtre d'une cheminée ? Le réflexe le plus usuel est de la remettre sans détour au convive le plus proche. Appliquée à la conclusion, cette façon de procéder revient tout bonnement à confier à votre interlocuteur le soin de conclure lui-même. Pour ce faire, il suffit de solliciter votre vis-à-vis à propos de la meilleure manière de faire avancer les choses : « *Parvenus à ce stade, comment pourrions-nous faire avancer les choses ?* » Ou encore : « *Pour aller plus loin, comment voyez-vous les choses ?* » La patate chaude constitue une sorte de pré-conclusion. La réponse du client trahit souvent le degré d'avancement de sa décision. Cette manière d'opérer est particulièrement judicieuse lorsque l'on a peine à cerner son interlocuteur ou encore si l'on craint de s'exposer sans ménagement au refus d'un caractère trop abrupt. Elle comporte en outre deux immenses mérites : le premier est de protéger l'amour-propre du vendeur contre le désagrément d'un refus ; le second est de rappeler à l'interlocuteur que l'échange mené a pour objectif premier de cheminer vers un accord.

Retourner la force de l'adversaire contre lui-même, n'est-ce pas là la règle des règles de tous les arts martiaux ?

Partie 3

Gérer efficacement le refus ou le désaccord

Le Closing difficile ou impossible

Nous entrons dans une phase ultime au cours de laquelle client et commercial se livrent à une sorte de sprint final. Un sprint dont l'enjeu est l'accord ou le refus. Cette phase est hautement énergétique. Elle recèle le moteur même de nos entretiens de vente. Un moteur composé de deux pistons dont le premier serait nos *tentatives de conclusion* visant à obtenir l'accord et le second, à défaut d'assentiment, *l'obtention d'une objection*, qui permet de rebondir en comprenant mieux le besoin de notre interlocuteur et partant d'y répondre.

Chapitre 14

VAINCRE LES DÉROBADES ET AUTRES BLOCAGES DE DÉBUT D'ENTRETIEN[1]

> – Alors raconte, les choses cheminent-elles comme tu le souhaites ?
>
> – Superbement ! Nous déjeunons tous les deux demain !
>
> – Pourquoi un déjeuner, pourquoi pas un dîner ? C'est la longue marche de Mao ton histoire !
>
> – Je l'ai proposé et on m'a fait comprendre que c'était prématuré.
>
> – Et tu as marché ? Il s'agit là ni plus ni moins d'une dérobade.
>
> – Que veux-tu que j'y fasse ?
>
> – Je commence à comprendre pourquoi mes stages de perfectionnement à la vente se vendent si bien. Écoute-moi, voilà comment pratiquer en cas de dérobade...

---

1. Approfondissement recommandé : vidéo N° 13 – *Obtenir la décision des indécis récalcitrants* – Rubrique formation en ligne – www.forventor.fr

Beaucoup d'entretiens de vente entre clients et vendeurs s'avèrent totalement asymétriques et déséquilibrés au regard de l'expression du désir d'aboutir. Le commercial souhaite disposer d'une chance de traiter et le confesse à demi-mot. En revanche, le client dissimule souvent son désir d'achat. Certes, les entretiens démarrent et se tiennent cahin-caha, mais la partie, côté client, n'est pas reconnue comme réellement engagée. Celui-ci déclare rechercher des renseignements et utilise de multiples faux-fuyants pour cacher à son interlocuteur commercial son désir d'aller plus loin. « *Je vous préviens : je ne traiterai pas aujourd'hui* » ou « *C'est juste pour un simple renseignement* » ou encore « *J'ai pour principe de ne pas me décider du premier coup* » sont autant de locutions, que nous entendons couramment en début d'entretien de vente. Elles véhiculent un déni d'engagement de la part de ceux dont nous espérons un accord. Ces clients agissent à l'image de joueurs qui, pénétrant sur un court de tennis, acceptent le principe d'échanger des balles mais rejettent toute idée de match et de décompte de points avec leur adversaire.

Dans mon livre *Les commerciaux descendent de Cupidon et leurs clients de Vénus*, je tire arguments des relations de séduction entre les hommes et les femmes pour éclairer d'un jour nouveau le mécanisme psychologique qui préside à ce défaut d'engagement de la part de certains prospects. J'y observe que « *la responsabilité de la bonne distance complique singulièrement la relation qu'entretiennent les femmes avec leur entourage masculin. Reconnaissons que, trop enjouées et ouvertes, elles sont aisément taxées de femmes faciles ; elles n'éveillent en ce cas que peu de respect. À l'opposé, froides et distantes, elles ne font l'objet d'aucune cour. Des pimbêches inaccessibles, dit-on d'elles. Les séducteurs les délaissent au profit de celles qui leur apparaissent plus abordables, plus chaleureuses. Et pour clore le tout, si au final elles s'avèrent moins aisées à séduire que ne le croyaient de prime abord les éventuels prétendants, alors les voilà taxées de vulgaires allumeuses ! En résumé, se montrer ni trop faciles, ni trop froides, ni trop allumeuses, voilà les trois angles du triangle dans lequel sont enfermées injustement les femmes pour exprimer leurs désirs affectivo-sexuels* ». Les clients sont soumis aux mêmes contraintes.

L'expression du désir pour un client : un trigone intenable

Par crainte d'être déçus, peur de se tromper ou d'être trompés, refus de décevoir le vendeur, difficulté d'avoir à dire « *non* » après avoir laissé espérer une conclusion favorable, appréhension de ne pouvoir faire marche arrière, souci de rester maître de la décision, l'enjeu de l'engagement est aussi omniprésent chez celui qui achète que chez une femme courtisée. À dire vrai, la problématique ne diffère en rien dans l'expression de leur désir à tous deux.

L'un comme l'autre sont enfermés dans ce que l'on peut appeler le « *trigone de l'expression du désir* ». Si le client se montre trop froid, il risque d'être jugé distant par le vendeur et ainsi de le décourager. Trop enthousiaste, le client ne peut pas aisément rebrousser chemin, du moins sans être perçu comme un méprisable aguicheur. Enfin, s'il se montre trop facile, le client peut craindre, non sans raison, d'être traité à la va-vite et de n'obtenir aucun des égards que lui confère son statut.

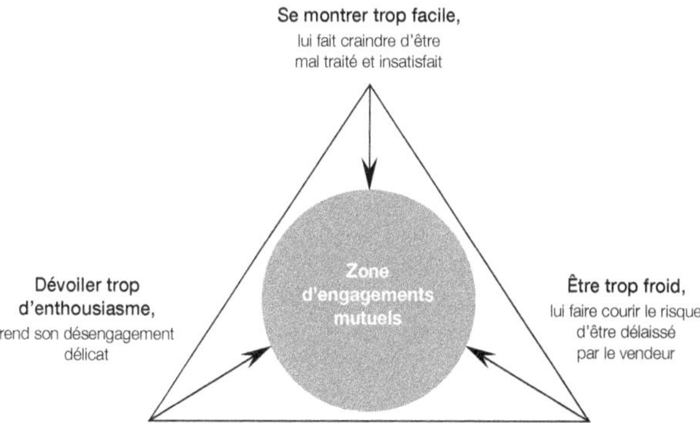

Combattre les objections : « *Je vous préviens, je ne me déciderai pas aujourd'hui* » ou « *C'est juste pour un renseignement...* »

De telles expressions constituent un véritable déni d'engagement. Comme je l'explicite ci-dessous, dans une partie de tennis, on ne saurait compter les points avant que ne soit « officiellement » engagée la partie avec l'adversaire. Si l'un entend compter alors que l'autre croit échanger de simples balles d'échauffement, l'immanquable désaccord survient : « *On ne jouait pas pour de bon !* », explose bien vite le perdant. Beaucoup de matchs sont engagés par les commerciaux, alors que leur interlocuteur ne joue pas pour de bon. C'est pourtant bien ce refus de jouer pour de bon, de compter les points (tout en échangeant des balles), qu'exprime un grand nombre de clients quand ils quémandent des renseignements, demandent le prix d'un article ou commencent leur entretien par un « *C'est juste pour une information* » ou un « *Je vous reçois mais je vous préviens je n'ai aucun budget pour...* », ou toute autre formule exprimant un déni d'engagement. C'est pourtant à cette condition d'engagement qu'une aimable conversation devient un entretien de vente. C'est la chronique annoncée qu'il doit et va se passer quelque chose.

Cette question soulève l'un des enjeux majeurs de tout début d'entretien de vente : contraindre l'interlocuteur à devoir concéder des gages de nécessaire réciprocité quant à l'espoir de conclure. Le contraindre à engager la partie. À défaut, il est de bonne tactique de lui refuser l'échange informel de balles et de faire mine de quitter le court ! Pour engager cette partie, celui qui espère vendre doit inviter celui qui pourrait acheter à quitter l'angle extrême du triangle dans lequel il se réfugie pour se rendre en son centre, et à exprimer clairement son désir de traiter (voir la figure ci-dessus, « La zone d'engagements mutuels »).

Ainsi que je le fais remarquer dans *Les commerciaux descendent de Cupidon et leurs clients de Vénus* : « *Il en va de l'échange commercial comme il en est de l'invitation au restaurant adressée à une femme qui suscite quelques convoitises de votre part. Si celle-ci consent à déjeuner mais rejette toute idée de dîner, la bonne tactique est sans nul doute de tirer cela au clair sur le champ. Selon l'explication que la belle vous donnera, au mieux les choses vont s'accélérer formidablement entre vous et vous passerez bientôt une savoureuse soirée ; au pire vous vous retrouverez seul devant un cornet de frites chez McDo à fantasmer sur la suivante*[1] ! » Je suis conscient de la difficulté que cette stratégie impose à celui ou à celle qui cherche à vendre. Mais c'est au prix de ce renoncement au confort de l'entretien à caractère purement informatif que tout commercial augmente ses ventes. Pour obtenir ce déplacement au sein du triangle, examinons comment il vous faut pratiquer avec vos interlocuteurs.

Les bonnes formules pour engager un client *à jouer-pour-de-bon*

Qu'il lui apparaisse trop distant, trop enthousiaste ou trop facile, le vendeur doit contraindre son interlocuteur à abandonner l'angle du triangle où il a élu domicile et à l'obliger à *jouer-pour-de-bon*...

Comment engager la partie avec un client trop distant ?

Le client trop distant est aisément repérable. Par définition, il exprime peu d'enthousiasme, il est souvent peu chaleureux et pour le moins un tantinet lointain. Il ne laisse pas filtrer ses désirs. Plus attaché au *Combien* (le prix) qu'au *Comment* (le produit et ses fonctionnalités), il demande une documentation, un tarif, et de manière distante aiguise la convoitise de celui qui vend. Pour autant, il rechigne généralement à être entrepris. Son refus d'engagement le conduit à prendre ces fréquentes précautions oratoires présentées plus haut, en préliminaire à tout entretien avec un commercial : « *Je vous préviens, je ne me déciderai pas aujourd'hui* » ou bien encore en franchissant la porte des magasins le sempiternel « *Je jette juste un œil* » qui n'a pas d'autre sens que « *Bas les pattes, ne m'attaque pas !* ».

Deux solutions s'offrent à vous pour conduire ce type d'interlocuteurs au centre du triangle. La première consiste à l'interpeller innocemment, en empruntant l'air étonné de celui qui ne comprend

---

1. Ceci peut bien évidemment se répéter *mutatis mutandis* s'agissant d'une femme qui proposerait un dîner à un homme...

rien ou pas grand-chose : « *Pourquoi me dites-vous cela ?* » et d'attendre sagement la réponse qui immanquablement conduit le client, gêné, à balbutier quelques mauvaises explications à son déni d'engagement. Il reste alors, avec un grand sourire, à le mettre en face de ses contradictions à l'aide d'un Closing besoin : « *Vous voulez dire que, quoique je vous propose, on ne fera pas affaire ensemble, même si cela vous convient ?* » Ainsi provoqué, il est bien rare que le client refuse de *jouer-pour-de-bon*. La seconde solution consiste à lui dire avec candeur : « *J'ai l'impression que cela ne vous intéresse pas ?* » ou encore « *J'ai le sentiment que vous n'êtes pas vraiment intéressé* ». Ici encore suit immanquablement une réaction positive. Le client, par crainte de perdre son attractivité, se transporte bien vite au centre du triangle et consent souvent à *jouer-pour-de-bon*. À défaut, n'insistez pas, quittez le court !

Comment engager la partie avec un client à l'enthousiasme aguicheur ?

L'excès d'enthousiasme dont fait montre un client n'incline pas celui qui vend à un travail approfondi. Dans cette circonstance, le vendeur ne se donne pas à fond, tant il croit la partie gagnée d'avance. Et patatras ! Le vendeur de se rendre à l'évidence : l'affaire capote. Le client s'éloigne en balbutiant l'exaspérant « *Bon, finalement, le mieux est que je réfléchisse* ». L'origine de cet échec se trouve être ici encore dans le manque d'engagement en début de partie. Pour obtenir ce gage de sérieux, il suffit, face à un enthousiasme excessif, de demander à votre client : « *Où en êtes-vous dans votre processus de décision ?* » Ce type de question calme le jeu et ramène l'aguicheur à plus de réalisme. Le client se voit rappeler qu'il est là pour signer, non pour allumer !

Comment engager la partie avec un client trop facile ?

Dans *Les commerciaux descendent de Cupidon et leurs clients de Vénus*, je fais valoir que « *pour enregistrer des commandes spontanées, nulle organisation n'a réellement besoin de commerciaux. Dans ce cas de figure, il est juste de reconnaître que les clients achètent comme sur Internet ou dans un libre-service mais rien ne leur est, à proprement parler, vendu. Si un client s'adresse à un vendeur c'est pour être conseillé, informé, aidé, voire secouru. Le simple fait qu'il éprouve le besoin de valider son achat le relègue d'emblée au statut de client facile. Le vendeur doit conserver en mémoire qu'il est convié à vendre et non à enregistrer machinalement des commandes. S'il n'y prend pas garde s'ensuit un risque élevé de déconvenues pour le client dit "facile" et un manque de respect de part et d'autre. À l'instar d'un couple qui se forme en un soir, il y a gros à parier qu'il se défera probablement le lendemain... Et, si une nuit ne crée pas un couple, un achat si heureux soit-il, ne fabrique pas davantage un client ! Cette vérité est particulièrement cruelle si, au final, l'achat en question s'avère insatisfaisant. Pour devenir client, une mutation psychologique, touchant à l'émotionnel et à l'intérêt objectif, est indispensable. Cette mutation ne s'opère qu'au moyen d'une analyse complète de son besoin par le vendeur. Une analyse qui lui prouve l'intérêt qui est porté à sa clientèle. Une gestation en quelque sorte s'impose ; un préliminaire aussi obligé que celui emprunté par le grand séducteur à l'endroit d'une femme qui apparaît "facile". C'est à ce prix que son attachement grandit et qu'elle deviendra, peut-être, moins accessible à d'autres prétendants... ».*

Les réponses aux autres objections de début d'entretien

Les freins, blocages et autres barrages exprimés en début d'entretien sont nombreux. Je présente ci-dessous les plus fréquemment exprimés ainsi que les meilleures réponses à adresser en retour. Chacune d'elles est précédée d'un Closing besoin ou d'une question sur les critères de décision. Excellente occasion pour le lecteur de travailler cette technique.

« J'ai déjà un fournisseur »

Question (en empruntant un air dubitatif) : *« Je comprends bien. Mais dites-moi, ai-je seulement une petite chance de pouvoir vous compter parmi mes clients ? »* La plupart des interlocuteurs répugnent à répondre par la négative et choisissent de se justifier pour revenir dans la zone d'engagements mutuels. Une seconde question aura souvent raison de ses premières réticences : *« Alors dites-moi où serait ma chance ? »*

Closing besoin : « *Vous voulez dire que si je vous propose* (reformulation de la chance indiquée) *vous seriez prêt à...* (devenir client,
travailler avec moi, me passer une première commande, etc.). »

« C'est mon métier (acheteur) de recevoir tout le monde et notre entretien ne préjuge en rien de la décision »

Question : « *Pouvez-vous me présenter plus précisément votre
mission ?* » Ici encore une seconde question permet d'entrer plus
sûrement en discussion : « *Quels sont vos critères de décision* » ou
« *Qu'est-ce qui vous conduit à choisir un fournisseur plutôt qu'un
autre ?* »

Closing besoin : « *Vous voulez dire que si je remplis les critères
que vous m'indiquez, (les reformuler), nous pourrions travailler
ensemble ?* »

« Dans un premier temps je me renseigne, je prendrai ma décision après » OU « Je veux voir vos concurrents avant de me décider »

Question : « *Vous faites bien de m'en parler. Qu'est-ce qui va faire
que dans votre petit tour des offres, votre préférence va se porter
plutôt sur une proposition que sur une autre ?* » Écoutez la réponse
dans un silence religieux. Elle comporte un résumé du besoin. Ici
encore, un Closing besoin fera avancer les choses (« *Vous voulez
dire que si je vous propose... »*). Si l'interlocuteur focalise sur le prix,
le Closing ci-dessous suffira à le rendre raisonnable.

Closing besoin : « *Vous voulez dire que si je vous propose un produit
(ou une solution) de qualité moyenne ou médiocre mais à un prix
imbattable, vous seriez prêt à vous décider ?* » (Tous refusent bien
évidemment et demandent un produit de bonne qualité. Il suffit
alors d'interroger votre interlocuteur à propos de ce qu'il appelle un
produit de bonne qualité. Sa réponse transporte son besoin...).

« Je dois disposer de trois offres »

Question : « *Cette affaire m'intéresse au plus haut point. Qu'est-ce
qui va faire qu'une offre aura votre préférence ?* » ou « *Qu'est-ce
qui me permettrait de faire la différence ?* »

Closing besoin : « *Vous voulez dire que si je remplis ces critères (reformulation) j'ai une réelle chance de vous compter parmi mes clients ?* »

« *Mon mari (mon fils, ma femme, mon directeur, etc.) m'a demandé de prendre des renseignements* »

L'entretien pour compte d'autrui est plus complexe à tenir. S'agit-il d'une protection contre tout engagement (faux-fuyant de votre vis-à-vis) ou d'un empêchement réel du client final (celui pour le compte de qui votre interlocuteur agit) ? Pour le savoir, procédez par étapes.

Question : « *En matière de décision, comment les choses vont-elles se passer ?* » La réponse usuelle est : « *Je vais voir avec lui et il décidera.* » Posez alors des questions portant **sur le seul besoin du grand absent**. Ne parlez en **aucun cas** de produit ou de solution et pas davantage de prix. La qualité des réponses de celui qui vient à la pêche aux renseignements et son insistance à connaître le prix suffiront à vous persuader si votre interlocuteur est, ou n'est pas, le décideur. L'absence de réponses pertinentes à vos questions portant sur le besoin, le contraindra à consulter l'avis de l'intéressé. Cette tactique vous permettra d'obtenir soit un rendez-vous avec le client final, soit un second entretien plus consistant avec le prescripteur qui officie en face de vous.

Closing besoin : « *Dites-moi, selon vous, si je lui propose (reformulation du besoin) pensez-vous, vous, que cela lui donnerait satisfaction ?* »

Mise en cause de la crédibilité de l'entreprise par votre interlocuteur

Question : « *J'ai l'impression que nous souffrons à vos yeux d'un déficit d'image. Vous pouvez m'en parler ?* » Ne rejetez pas la réponse et n'argumentez surtout pas. Cherchez la cause de cette disgrâce. Mettez au jour les conséquences que cela a pu entraîner pour votre interlocuteur, en faisant preuve d'une totale empathie. Puis, sans vous disculper, ni vous justifier, tentez un Closing besoin, véritable épreuve de vérité.

Closing besoin : « *Je souhaite établir un courant d'affaires avec vous. Dites-moi, sincèrement, m'offrez-vous une chance de repartir d'un bon pas ?* » (Tous ou presque vous diront « *oui* »). Enchaînez alors sur une seconde question portant sur les critères de décision de l'interlocuteur : « *Où se trouve-t-elle cette chance ? Qu'est-ce qui ferait que mon entreprise deviendrait crédible à vos yeux et que nous pourrions travailler ensemble ?* »

Les premières réticences surmontées, vous voilà en mesure de mener à bien votre entretien avec de meilleures chances de réussite, tant il est vrai que l'on ne saurait aboutir avec un client qui se refuse à *jouer-pour-de-bon* ! Pour gagner la partie, il est des obstacles infiniment plus complexes à surmonter. Ce sont les objections de fond. Je consacre à leur traitement le prochain chapitre tout entier.

Chapitre 15

SURMONTEZ LES OBJECTIONS POUR CONVAINCRE[1]

> — *Tu sais je me suis pris une objection dans le nez !*
>
> — *Quel genre ?*
>
> — *T'es trop jeune !*
>
> — *Et alors, comment as-tu réagi ?*
>
> — *Je lui ai dit que je n'étais pas d'accord et j'ai cité Le Cid :*
> *« Aux âmes bien nées... patati patata. »*
>
> — *Réaction ?*
>
> — *Pas terrible : que je ne comprenais rien à rien, etc.*
>
> — *Ce n'est pas faux !*
>
> — *Gros malin qu'aurais-tu répondu à ma place ?*
>
> — *J'aurais demandé : « Qu'est-ce qui t'ennuie au juste dans*
> *mon âge ? »*

En matière d'objection, il vaut mieux prévenir que guérir. La plupart des objections entendues par les commerciaux ne sont pas inéluctables, tant celles-ci prennent leur source dans une mauvaise définition du besoin. Il est prouvé que les clients fidèles et réguliers objectent moins que les prospects. Au fond, l'objection n'est autre

---

1. Approfondissement recommandé : vidéo N° 14 – *Sortir gagnant des objections bloquantes* – Rubrique formation en ligne – www.forventor.fr

que la *variable d'ajustement* du client incompris. Celui-ci, désireux d'être satisfait, objecte pour permettre au vendeur d'*ajuster* sa présentation et ses arguments au besoin. Son besoin, une fois celui-ci bien saisi, ne nécessite plus d'objection pour se clarifier.

Répondre aux objections est un problème si complexe que Forventor y consacre un séminaire tout entier. La vérité est que les objections font souvent un peu peur aux commerciaux. Peur, parce qu'elles se présentent comme un barrage à leur désir, un obstacle sur la route de leur succès, celui de l'accord de leur client. C'est probablement pourquoi les commerciaux interprètent les objections comme le système d'argumentation déployé par leurs vis-à-vis pour ne pas acheter.

Je ne crains pas d'affirmer que cette vision des choses est erronée. Les objections sont des maux indispensables à la compréhension de la problématique de nos interlocuteurs. En ce sens elles sont incontournables. Si l'on veut obtenir l'accord de nos clients, encore faut-il qu'elles soient parfaitement comprises et levées.

Il est vrai que, derrière l'objection, se cache pêle-mêle le désir d'échapper à la vente ou d'en reporter la décision. L'objection vise aussi à affaiblir l'argumentation du vendeur et à obtenir des prix ou des conditions particulières. Tout cela est certainement exact. Mais c'est bien plus souvent le désir d'en savoir davantage, d'examiner plus avant son besoin, de se garantir d'un bon investissement et du meilleur usage possible de son budget, qui anime le client, au travers de ses objections.

En considérant que l'objection est un argument pour ne pas acheter, nous nous affaiblissons inutilement. En vérité nos clients ont besoin de nous pour se décider. Au travers de leurs objections, ils entendent obtenir le meilleur de nous-mêmes, pour se prémunir d'un mauvais achat ou d'un mauvais commercial. Chacun d'entre vous a déjà à l'occasion d'un achat, ressenti cette terrible hésitation où le désir d'acquérir entre en conflit avec celui de la crainte de l'erreur, de l'achat inutile ou non pertinent, ou encore avec le sentiment de jeter l'argent par les fenêtres.

Nous l'avons vu au cours du précédent chapitre, les clients se situent délibérément dans le « *non* ». Par voie de conséquence, objecter, c'est leur façon à eux, un peu négative, de poser leurs problèmes et préoccupations. Mais force est de reconnaître que toutes leurs objections sont la preuve évidente de leur intérêt pour nous, pour nos produits et nos préconisations. Passer d'une psychologie de *non-achat* à celle d'une décision d'achat nécessite le franchissement d'un certain nombre de barrières intérieures. Les objections développées sont des messages visant à nous indiquer l'existence de ces barrières et une véritable demande d'aide, qui nous est adressée, pour les leur faire franchir. Satisfaits, les clients nous en savent gré. Le commercial remplit en quelque sorte une mission d'accoucheur, permettant à ses interlocuteurs de mûrir leur décision, d'aplanir leurs difficultés, de surmonter leurs obstacles, bref d'entendre leurs objections, d'en comprendre l'origine et enfin d'y répondre par une argumentation convenablement construite, rassurante, propre à les satisfaire et lever toute inquiétude. C'est ainsi qu'ils transforment leurs clients en clientèle, autrement dit d'acheteurs potentiels en bons et fidèles clients.

Comprendre les objections pour y répondre efficacement

L'objection est donc une pièce maîtresse pour nous permettre de convaincre les indécis. Les objections sont émises par nos clients pour nous indiquer que la piste sur laquelle nous entendons poser notre avion n'est pas la bonne. Autrement dit, ils s'agitent pour nous indiquer que ce que nous évoquons (solution, reformulation ou arguments) ne leur donne pas satisfaction. À ceux qui ne me suivent pas sur ce terrain je demande de se remémorer les insupportables entretiens qu'ils ont pu mener, comme tout un chacun, avec des interlocuteurs qui n'émettaient aucune objection. Quelle horreur, n'est-ce pas, quand le client se sent si peu concerné qu'il n'objecte pas !

Il s'ensuit de ce constat quatre obligations à remplir pour répondre aux objections :

> débusquer systématiquement les objections ;

> chercher à comprendre la problématique qu'elles véhiculent ;

> passer au Closing sur le besoin révélé par l'objection ;

> présenter ses arguments en dernier ressort.

Soyez vigilant, débusquez activement les objections

Beaucoup d'objections ne s'expriment pas spontanément. Quelquefois elles échappent même à l'observateur attentif. C'est dire qu'il faut être très vigilant pour les percevoir tant il est vrai qu'elles se cachent partout et sont protéiformes. Quand surviennent-elles ? Pour commencer, observons qu'elles fleurissent à des moments privilégiés et tout particulièrement lorsque nous sollicitons notre interlocuteur. Par exemple, à l'occasion de la demande d'un rendez-vous ou encore en réponse à une argumentation à l'occasion d'une présentation de produit ou quand nous essayons d'emporter la décision et de conclure. Autrement dit, les objections surgissent quand nous tentons d'obtenir de quelqu'un, quelque chose... Dans ces circonstances-là, les objections sont les moyens pour celui qui les émet de retarder ou de refuser d'aller plus avant. En ce sens certaines objections ne servent que de paravents et dissimulent l'absence d'une réelle intention d'achat.

Cherchez à comprendre la problématique que véhicule une objection

Une objection est révélatrice d'un élément de la description du besoin qui a échappé ou qui n'a pas encore été évoqué. C'est une invitation à revenir dans la bulle de notre interlocuteur. L'objection, bien réelle et fondée, résulte toujours, plus ou moins, d'une interprétation insuffisante du besoin. Or, il faut admettre qu'un besoin non compris, non clairement identifié, n'autorise pas une proposition judicieuse. Dans ces conditions il y a gros à parier que la vente ne suivra pas. Le mieux est sans conteste de saisir l'occasion pour rebondir et analyser plus complètement le besoin du demandeur. Prenons l'exemple d'un client objectant que le prix d'un produit lui apparaît trop cher. Répondre en aveugle pour tenter de le persuader du contraire est aussi puéril qu'inefficace. Une telle objection doit entraîner en effet toute une série de questions pour mettre au jour les raisons qui font qu'un produit apparaisse trop cher à un client. Est-ce en raison de son budget ou peut-être est-il trop cher par rapport à la concurrence ou encore est-ce un investissement difficile à rentabiliser pour l'usage que notre prospect en a ? Ainsi une objection recèle-t-elle une mine d'informations nouvelles, autant d'occasions d'éclairer la problématique pour qui veut comprendre un client et mieux le convaincre.

Deux élégants moyens permettent de conduire un vis-à-vis à développer une objection, sans que cela pose de difficultés.

✓ **Premier moyen** : répétez simplement le principal mot que comporte l'objection et qui la résume bien.

Puis faites silence. Que va-t-il se passer ? Un ton interrogatif ou le simple fait de répéter une objection, invite le contradicteur à développer son argument. C'est là une belle manière de rester neutre et prudent. C'est aussi une façon d'obtenir de plus amples explications et de découvrir ce que cache réellement l'objection avancée. Par exemple, à un client qui trouve que le modèle que nous lui proposons n'est pas assez performant, répéter simplement l'objection reviendra à demander, en empruntant un ton interrogatif : « *Ce modèle vous paraît moins performant ?* » Ou encore à un client qui vous dit : « *C'est cher* » prenez pour parti de dire « *Vous trouvez cela cher ?* » et d'attendre religieusement sa réaction... Elle ne tardera pas à venir en la forme d'une justification, indispensable à la découverte du sens profond de son propos.

L'ennui de cette méthode est qu'elle peut conduire l'interlocuteur à construire son objection et à l'argumenter. Partant, le risque existe qu'il s'y enferme. C'est pourquoi je conseille de n'utiliser cette technique que lorsque l'on est bien certain de pouvoir démontrer au client son erreur. Quoi qu'il en soit, retenons que l'interlocuteur s'empresse en écho de justifier son point de vue et par voie de conséquence d'expliciter le problème originel. Vous saurez alors plus qu'il ne vous en faut pour comprendre la demande, la reformuler, puis argumenter efficacement votre réponse.

✓ **Second moyen** : transformez les objections en questions.

Il arrive que les objections qui nous sont faites dissimulent des réalités très complexes. Par exemple, à un client qui objecte qu'il ne peut être infidèle à son fournisseur habituel. La question est un moyen formidable pour lever un peu le voile que la pudeur, la discrétion ou le mystère déposent sur les besoins de notre clientèle. Ayez le réflexe question. Dans la mesure où l'objection est le résultat d'une attente ou d'une préoccupation non satisfaite, poser une question vous permettra d'y voir plus clair. Vous avez tout à gagner et rien à perdre ! Une formule telle que « *Qu'est-ce qui vous préoccupe au juste ?* » ou bien « *Pouvez-vous m'en dire un petit peu plus ?* » suffit à obtenir le renseignement désiré.

Passez au Closing sur le besoin révélé par l'objection

Ainsi que nous l'avons vu, il s'agit maintenant de procéder aux opérations de Closing sur le besoin, autrement dit d'accuser réception de l'objection adressée, de montrer au client que nous l'avons bien perçue, de recueillir son accord pour satisfaire son besoin si nous lui trouvons une solution qui résout son objection.

Pour bien comprendre cette implacable logique, qui revient à vendre le besoin au lieu et place d'un produit ou d'une solution, reportez-vous au chapitre 7 « *Conclure sur le besoin et l'idée de le satisfaire* ». La technique est éprouvée. Je la résume ici par un exemple. Un client qui oppose la cherté d'un produit, s'entendra, en première intention, demander : « *Qu'est qui vous fait dire que c'est cher ?* » Si celui-ci invoque en réponse la crainte que, au regard de l'usage qu'il en aurait, notre solution lui paraît peu pertinente, nous opérons alors efficacement un Closing sur son besoin de la façon suivante : « *Je comprends votre préoccupation. En soi, vous n'êtes pas contre cet achat. Simplement vous souhaitez légitimement être sûr de rentabiliser votre investissement, ce dont vous doutez, c'est cela ?* » L'accord de l'interlocuteur obtenu sur ces deux points de Closing – être sûr (critère de décision) et rentabiliser (la préoccupation exprimée) –, vous enchaînerez alors sur le troisième Closing, explicitant l'idée d'être prêt à acheter si la rentabilité lui est démontrée : « *Si je vous montre que ce que je vous propose est rentable, cela vous conviendrait-il ?* » Parvenu à ce stade, il reste à attendre religieusement qu'il prenne position sur ce troisième point de Closing (engagement de passer à l'acte). En cas de feu vert, nous pouvons procéder à la démonstration de la rentabilité avec à la clef une vente quasi certaine. En revanche, à défaut d'une prise de position positive, point n'est besoin d'aller plus loin. En bonne logique, si notre interlocuteur n'est pas en mesure de s'engager sur le principe d'acheter (la rentabilité lui devenant certaine), c'est qu'une autre objection fait obstacle à son accord. Dès lors rapporter la preuve de ladite rentabilité devient superflu, du moins pour l'instant. Ce second cas de figure nous oblige à rechercher une autre opposition, cachée, et à provoquer l'expression de celle-ci. La question : « *J'ai l'impression qu'il y a autre chose qui vous retient, acceptez-vous d'en parler ?* » suffit le plus souvent à obtenir la dernière réticence. Et nous sommes repartis pour un tour : compréhension, Closing sur le besoin, présentation de la solution, Closing sur le bénéfice suivi d'une tentative de Closing final !

Présentez vos arguments en dernier ressort

Cette fois le feu passe au vert. Il nous est enfin permis de présenter notre réponse à l'objection. Grâce à celle-ci notre interlocuteur nous a aidé à mettre en évidence un nouveau point « C », point d'hypersensibilité, lieu de rencontre entre la satisfaction recherchée de ses attentes et préoccupations profondes et la réponse que nous allons devoir lui apporter. Deux cas peuvent se présenter : notre exposé porte sur *l'approfondissement d'un bénéfice*, bénéfice que sollicitait l'objection, ou bien nous avons été invités, par l'objection, à *présenter une preuve*. S'il s'agit de l'approfondissement d'un bénéfice, on avancera la caractéristique qui répond le mieux au besoin exprimé. Puis on déclinera celle-ci en avantages et bénéfices pour le client. Quant à la preuve, autrement dit quant à la certitude que le bénéfice promis sera au rendez-vous, les démonstrations, les références ou les illustrations par l'exemple suffiront à convaincre.

Toute objection comporte un risque. Celui de répondre sans ambages et de créer les occasions d'un *casus belli*. À considérer que les objections de nos clients sont des arguments qui nous sont opposés, la tentation est grande d'avancer un argument dont l'impertinence conduit immanquablement à une bataille d'arguments. Une bataille que nous avons bien peu de chances de gagner. Le pouvoir est aux mains de celui qui décide et non de celui qui propose. L'enjeu n'est-il pas de rapprocher les points de vue ? Il n'est de toute manière pas possible d'avoir raison *contre* notre client mais bien au contraire *avec* lui. Emprunter la voie de l'argument ne laisse que bien peu de place pour trouver un terrain d'entente. C'est bien davantage dans notre compréhension des problèmes, attentes et préoccupations qui motivent les objections des indécis que résident les chances du succès.

Une question demeure. Comment pratiquer pour répondre à une objection qui ne nécessite ni reformulation, ni questionnement préalable ? Une circonstance dans laquelle l'objection est si élémentaire qu'elle ne nécessite aucun développement de la part de notre client sans que celui-ci émette quelques légitimes doutes sur nos capacités intellectuelles. Le chemin est, dans ce cas, étroit, dangereux, mais toutefois praticable. Une réponse *a minima* en quelque sorte, en deçà de laquelle notre ticket n'est plus valable.

Si comprendre et effectuer un Closing sur le besoin sous-jacent à l'objection est de loin le chemin le plus efficace pour entraîner l'adhésion de nos interlocuteurs, sept autres façons de répondre aux objections satisfont à cette obligation de devoir répondre sans approfondissement préalable. Ces dernières séduiront tout particulièrement les commerciaux qui ont un goût plus prononcé pour l'argumentation que pour la compréhension. Qu'ils prennent garde, en empruntant cette échappatoire, à ne pas revenir à leurs anciens errements : répondre dans le noir obscur, avant d'avoir compris ! Cette mise en garde rappelée, passons en revue ces sept autres façons.

Sept autres façons de répondre aux objections

1 – Devancez votre client sur certaines objections

Il en va des objections comme des retours au tennis. Anticiper les coups de l'adversaire va permettre de mieux y répondre. Comment ? Banaliser l'objection et la vider de sa force en prenant l'initiative de l'énoncer soi-même. Par exemple, un demandeur d'emploi – dont la démarche, contrairement à ce que pensent beaucoup, n'est pas une recherche d'emploi mais une vente active de ses compétences à un employeur qui en a besoin – rencontrera l'objection de son âge, surtout s'il a plus de cinquante ans. La certitude d'avoir à gérer cette objection doit le mener à l'anticiper : « *Vous pensez peut-être que je suis trop âgé pour ce poste. Je comprends que cette question puisse se poser de votre point de vue. Il est légitime de vous demander : âgé, est-il encore assez souple pour être dirigé et n'est-il pas fatigable ? Eh bien je voudrais vous apporter des assurances sur ces deux points...* » En pratiquant ainsi, le vendeur va conduire son client à devoir abandonner son objection dont le contenu est vidé. L'objection devient ainsi quelque chose de naturel, comme un échange d'idées, visant à mieux se comprendre. Elle contribue à rassurer l'acquéreur d'un service ou d'un produit qui voit dans l'objection soulevée, ainsi que dans sa résolution, notre souci de le protéger contre un mauvais achat. Dans la mesure du possible il est utile de ne réserver cette figure de rhétorique qu'aux seules oppositions certaines. Veillons à ne pas mettre sur le tapis des objections auxquelles le client n'aurait jamais pensé...

2 – La technique du coussinet

Une objection est révélatrice d'un écart de point de vue. Pour rapprocher des points de vue divergents, encore faut-il que chacun consente à faire un pas. C'est du moins là une voie efficace, celle du coussinet. Comment pratiquer ? Tout simplement en avançant que l'on partage, en partie, le point de vue de son vis-à-vis ou encore en utilisant la forme conditionnelle « *Seriez-vous d'accord avec moi, si...* » ou encore « *Vous avez en partie raison, mais toutefois...* ». Autrement dit, il s'agit d'inviter votre client, en contrepartie d'un bout de chemin que vous faites à son invite, à parcourir l'autre bout.

Voyons concrètement comment mettre en œuvre le coussinet, face à un interlocuteur qui objecte préférer assumer le risque de ne pas s'assurer plutôt que de souscrire à un contrat prévoyance. Commencez par développer objectivement la ou les solutions concurrentes : « *Je suis d'accord avec vous. Souscrire une protection invalidité pour 600 euros par an est un investissement élevé au regard d'une protection qui n'interviendrait qu'en cas peu probable d'arrêt maladie, souhaitons-le. Il est vrai que cette somme mise de côté durant quinze ans, à laquelle vous ajouteriez des intérêts vous donnerait droit à un capital qui atteindrait en fin de période environ 12 000 euros. Une somme qui donne à réfléchir, j'en conviens.* »

Faites valoir alors que cette solution n'est pas si avantageuse qu'il y paraît de prime abord et suggérez qu'elle recèle des inconvénients que vous vous proposez de développer : « *Cette solution n'est pas aussi prometteuse que ce raisonnement le donne à croire. Regardez...* »

Puis présentez les inconvénients et passez à la démonstration que votre produit ou solution ne recèle pas ces défauts et présente en revanche de nombreux avantages en veillant bien à fournir la preuve de vos dires : « *Au fond tout se passe comme si vous étiez votre propre assureur. Un assureur qui aurait en quelque sorte un seul client. Vous connaissez votre gain maximum : 12 000 euros, si vous n'êtes pas malade. Le problème réside dans le fait que contrairement aux assureurs (qui eux mutualisent le risque sur un grand nombre de clients) votre microscopique compagnie d'assurances n'a que vous et vous seul comme client et n'a plus qu'à prier le ciel pour que celui-ci ne tombe pas malade. Sinon, ce sera la faillite, car les indemnités à vous verser dépasseront rapidement les primes perçues, je veux dire les 12 000 euros épargnés.* »

Puis la thèse et l'antithèse étant développées, il vous reste à apporter la preuve et à conclure. « *Dites-moi sincèrement Monsieur X, accepteriez-vous d'assurer votre voisin pour 600 euros par an pour lui garantir une indemnité perpétuelle afin de faire face aux préjudices d'un éventuel arrêt maladie ? Certainement pas ! Vous lui conseilleriez de s'adresser à un assureur dont c'est le métier. Et vous auriez raison. Alors je vous en conjure suivez votre propre conseil et renoncez à cette idée d'être votre propre assureur !* »

Le danger, ici, est de conforter l'interlocuteur dans sa position. C'est pourquoi il faut prendre de multiples précautions et veiller à utiliser des locutions qui relativisent votre propos, telles que : « *Toutefois* » ou « *On pourrait penser* » ou encore « *Si ce n'est que…, n'oublions pas…* ». Car une fois raison donnée à votre vis-à-vis, ce dernier aura beau jeu de s'en tenir au bien-fondé de son objection pour ne plus en démordre et refuser de signer.

3 – La réponse en boomerang

L'art de la rhétorique est d'attacher, à chaque argument, un contre-argument. L'un et l'autre sont comme les côtés d'une même pièce. C'est pourquoi certains arguments peuvent être retournés comme un boomerang contre celui qui les emploie. Le retour gagnant sera assuré par des locutions telles que : « *C'est justement pour cela…* » ou « *C'est bien pour cette raison…* » ou encore « *C'est pourquoi…* » ou enfin « *Au contraire…* ». Par exemple, à un client qui objecte être célibataire pour ne pas trouver intéressant de souscrire à une assurance-vie au profit d'un tiers, nous pourrions lui répondre : « *Mais, c'est justement parce que vous êtes célibataire que la souscription à une assurance-vie est pour vous incontournable. Elle constituera une épargne de précaution d'autant plus utile que vous êtes seul en cas de coup dur. En outre, en cas de décès, étant célibataire, et à défaut d'avoir pris des décisions concernant votre patrimoine, c'est l'État qui deviendra votre unique héritier. Alors que faire le bonheur d'un ami, d'un membre de sa famille ou d'une association est une chose formidable !* » Ici encore cette réponse est avancée rapidement et spontanément, comme un retour gagnant. Attention toutefois à rester crédible et à ne pas perdre la confiance de notre interlocuteur par l'emploi d'arguments fallacieux.

4 – Différer la réponse à une objection

Comme le prétend le dicton, *n'y a-t-il pas que la vérité qui blesse ?* Si nous répondons à une objection c'est que nous lui accordons une dimension, une crédibilité et une force qu'il n'est pas toujours heureux de lui conférer. Ne pas répondre immédiatement à une objection c'est souvent se donner une chance qu'elle soit oubliée ou pour le moins relativisée. Et puis être maître de l'entretien, c'est aussi dénier à l'autre la possibilité de l'être à votre place. Ainsi, en ne répondant pas tout de suite à une critique, on en réduit l'impact et de toutes les façons on se donne le temps nécessaire pour y répondre au mieux. À un client qui nous objecte que notre prix est probablement trop élevé par rapport à son budget, on différera adroitement notre réponse en lui disant par exemple : « *Je vais vous donner le prix, mais auparavant je voudrais vous montrer que c'est un investissement bien modeste au regard de ce qu'il va vous rapporter.* » L'écueil de ce genre d'attitude est de prendre le risque de laisser dans l'ombre une objection importante qui ressortira immanquablement au moment de la conclusion.

5 – L'astuce de « l'eau est bonne »

Cette technique vise à démontrer que l'objection est normale de la part de celui qui ne dispose pas encore d'une éventuelle expérience qui lui permette de juger ou de se faire une opinion fiable.

À l'usage, cette objection tombera d'elle-même. Cette astuce est spontanément empruntée par tous ceux qui se baignent dans une eau jugée *a priori* froide. Une fois dans l'eau, pour attirer leurs amis, ils prétendent qu'eux aussi craignaient que l'eau soit froide avant de s'y tremper et qu'une fois dedans ils la trouvent bonne. Autrement dit, l'astuce consiste à dire à un interlocuteur qui émet une objection : « *Je comprends ce que vous ressentez. Beaucoup parmi nos clients ont au départ une perception voisine (ou j'ai moi-même eu la même réaction que vous), mais à l'usage ils se rendent compte que la solution que nous préconisons est la plus performante.* » Bien évidemment une telle formulation n'est acceptable que sous réserve qu'elle soit crédible. Elle est bien adaptée à lever les inquiétudes ou à libérer les clients de leurs habitudes quand ces dernières constituent un frein à l'acquisition d'une nouveauté.

6 – L'appel à témoin

Le témoin, parce qu'il est impartial et objectif, parce qu'il n'est pas le vendeur et n'a pas d'intérêt en jeu, va permettre de rassurer les acheteurs potentiels en leur apportant une preuve et en levant leurs objections et leurs craintes. L'appel à témoin consiste à prendre appui sur une tierce personne, appelée en quelque sorte à la rescousse. Pour autant, point n'est besoin de la présence physique du témoin. Il suffira de dire par exemple : « *Vous connaissez M. X... ? Eh bien demandez-lui, il vous confirmera que le portefeuille d'actions qu'il nous a confié en gestion a plus que doublé au cours des trois précédentes années.* » De telles affirmations nécessitent que le témoin soit crédible, voire un leader d'opinion, aux yeux de l'interlocuteur. Notons qu'à défaut de témoin, la référence peut être faite à une profession. Dire à un médecin « *Docteur, savez-vous que 73 % de vos confrères prescrivent avec succès cette molécule...* » est de nature à le convaincre de la prescrire lui-même. Il est certain que le fait avancé doit être avéré et pouvoir résister à l'épreuve d'une vérification.

7 – Observer le silence

Face à une objection, les vertus du silence sont immenses. La nature a horreur du vide. Les yeux dans les yeux, votre interlocuteur en réaction à votre silence, est immanquablement amené à développer son objection. C'est dans ce développement que vous repérerez le besoin qui se cache derrière son objection. Vous y trouverez la réponse appropriée.

APPLICATION À VOTRE ENTREPRISE

Le professionnalisme s'oppose à l'improvisation. Prenez votre courage à deux mains. En partant des objections qui sont émises habituellement par vos clients, imaginez les problèmes, attentes et préoccupations profondes sous-jacents. Déduisez les questions à poser et les arguments à présenter en dernier ressort. Pour vous y aider, travaillez sur le tableau prévu à cet effet.

**Dans votre métier,
quelles réponses pouvez-vous faire
aux objections que vous rencontrez ?**

Objections avancées	Questions à poser / reformulation	Arguments à développer

Chapitre 16

LEVEZ LES DOUTES ET... SEMEZ LE DOUTE[1]

> "
>
> – *Je crois que je n'y arriverai jamais...*
>
> – *À quoi ?*
>
> – *À vaincre ses hésitations !*
>
> – *S'il y a hésitation, c'est qu'il y a doute. Il te faut apprendre à lever les doutes pour gagner et hop à toi la belle vie...*
>
> – *Ouais, mais y'a de la concurrence dans l'air.*
>
> – *Contre elle, il te faut apprendre à semer le doute.*
>
> – *C'est compliqué de gagner dis donc ! J'en suis à la leçon numéro combien ?*
>
> "

Le doute est un des principaux facteurs de réussite ou d'échec dans une vente. À la fois meilleur ami du vendeur et son pire ennemi, le doute lui profite aussi bien qu'il l'accable.

Les effets contradictoires du doute dans la vente

Tantôt fortune commerciale, le doute est un moyen d'instiller une inquiétude dans l'esprit de vos prospects pour les faire renoncer à votre concurrent et à basculer dans votre camp ; tantôt infortune, il joue en votre défaveur. Insidieusement, il peut bloquer le processus

---

1. Approfondissement recommandé : vidéo N° 11 – *Démolir avec élégance la solution concurrente* – Rubrique formation en ligne – www.forventor.fr

de décision chez vos interlocuteurs et les conduire à vous objecter qu'*il leur faut réfléchir...*

Il résulte de cette observation que les doutes qui germent dans la tête de vos interlocuteurs les conduisent à appartenir à deux classes aux comportements différents selon qu'ils hésitent ou bien se méfient. À la première je rattache tous ceux que j'appelle les « **Hésitants** ». Ceux-ci sont plutôt favorables mais doutent ! Ils nourrissent des inquiétudes, des craintes ou de simples incertitudes qui freinent une décision positive pour passer à l'acte d'achat. En clair ils sont sceptiques quant à la pertinence ou au bien-fondé de leur acquisition. La seconde classe réunit les « **Défiants** ». Je nomme ainsi tous les interlocuteurs qui doutent parce qu'ils sont plutôt défavorables à la proposition que vous leur faites, et inclinent vers une solution concurrente à la vôtre.

Face à ces deux catégories, la gestion active du doute est l'une des clefs du succès dans la vente. Perplexité, scrupules, incertitudes doivent être activement combattus, s'ils vous desservent. À l'inverse il vous faut apprendre à semer le doute chez les personnes attirées par les sirènes de la concurrence...

Cinq conseils pour éradiquer le doute chez les « Hésitants »

Nous l'avons repéré plus haut, la catégorie des « Hésitants » est constituée d'acquéreurs potentiels plutôt favorables mais dubitatifs. Voici cinq façons de lever leurs hésitations.

> utilisez la puissance de l'*infracommunication* ;

> apportez la preuve de vos dires ;

> présentez vos arguments en une cascade de déductions logiques ;

> évitez les mots noirs, artisans du doute, et utilisez ceux qui font vendre ;

> travaillez sur les critères de décision des Hésitants.

Utilisez la puissance de l'infracommunication

La formalisation verbale constitue la partie apparente de l'iceberg de notre communication avec autrui. Il existe toutefois un deuxième niveau de communication, plus profond celui-là, dont l'expression ne passe pas par le verbe. Cette communication non verbale permet de s'exprimer par la gestuelle, les attitudes, les hésitations, les intonations ou autres réactions et comportements. Tous ces signes deviennent ainsi porteurs de sens dans les échanges opérés avec nos congénères. En observant plus précisément le commerce des êtres, un troisième niveau de communication est repérable. Plus profondément encore les individus, vivant en communauté, opèrent des échanges psychiques intenses. Il s'agit là d'un phénomène psychosociologique bien connu des psychologues et que tout un chacun peut observer quasi quotidiennement.

Parmi ces échanges, deux revêtent une importance particulière. Ce sont l'introjection et la projection. Pour être bref et simple, nous retiendrons que l'introjection est un processus psychique qui nous conduit à incorporer directement (sans verbalisation) les valeurs ou le ressenti d'autrui. Ce phénomène est aisément perceptible chez certaines personnes qui, nous écoutant, boivent à ce point nos paroles que leurs lèvres se mettent en mouvement ou tout simplement rient parce que nous rions et pleurent quand nous pleurons... Les crises collectives de fou rire n'ont pas d'autres origines.

La projection est un mouvement similaire mais de sens contraire. Nous prêtons à autrui des choses que nous pensons, croyons ou ressentons nous-mêmes. Par exemple, nous sommes agressifs et prêtons à notre entourage de l'agressivité (qu'il n'a pas forcément). C'est par pure projection que certaines mères, prises de frissons, vont ajouter une couverture supplémentaire à leur enfant... Ces échanges psychiques, à tendance confusionnelle, quand ils ne sont pas exagérés au point d'être pathologiques, participent à la qualité de notre vie en société. Ils expliquent que nous ressentions de la tristesse au milieu de gens tristes et que nous soyons généralement gais au milieu d'individus en fête.

Fort de ces considérations, nous comprenons désormais mieux, et nous pouvons admettre plus aisément qu'un commercial, pour enthousiasmer ses clients, doit faire montre d'enthousiasme. Que dans le même esprit, il lui faille se montrer convaincu pour convaincre son entourage et confiant pour inspirer confiance à autrui. Et encore d'être sûr de lui pour être rassurant et pouvoir rassurer[1]. C'est là une règle d'or : savoir communiquer ses propres échelles de valeur, ses propres sentiments, ses émotions, en les affichant franchement et sans détour afin d'être imité, puis suivi. C'est la force des leaders d'opinion que de savoir s'affirmer haut et fort. Le commercial doit se comporter comme tel pour entraîner l'adhésion de ceux qui l'écoutent. À défaut sa crainte vertigineuse du « non » transpire et se communique à l'interlocuteur. Dès lors, projection et introjection jouent contre lui... Le vis-à-vis incorpore le doute ressenti chez l'autre et le voilà à son tour rongé par le doute !

Apportez la preuve de vos dires

La preuve est inhérente à la vente. On ne saurait prétendre argumenter convenablement sans apporter la preuve de nos dires. L'acheteur a toujours besoin de preuve. Tout d'abord, en raison de ses craintes de se tromper ou d'être trompé. Acheter est souvent coûteux. Certains achats entraînent des conséquences importantes tant par le jeu de frais induits que par celui d'obligations récurrentes qu'ils génèrent. Il s'ensuit que la crainte de mal évaluer le bénéfice retiré d'un achat envisagé instille le doute et renforce le besoin de preuve pour se décider. Ajoutons que, chez nos interlocuteurs, la peur d'être trompés est omniprésente. Notre métier est victime de la conception latine du vendeur « baratineur », quelqu'un qui vit de lucre, qui tente de tromper son client et qui vit aux dépens de celui qui l'écoute... Nos observations quotidiennes de multiples commerciaux que mon équipe et moi-même perfectionnons aux arts de la vente et de la négociation nous persuadent du contraire.

Hélas, à l'image de chiens battus qui craignent jusqu'aux caresses, les clients ont « viscéralement » peur d'être floués, bernés ou roulés. Ils suspectent, éprouvent le besoin de vérifier le bien-fondé des arguments avancés et prennent rarement vos conseils pour argent comptant. Et puis enfin, il faut admettre que tout acte d'achat est naturellement angoissant et stressant. Le besoin d'être rassuré est souvent là. La preuve, c'est donc ce facteur positif, qui permet à nos clients de s'assurer du bien-fondé de leur achat et par là, à se rassurer et calmer leurs angoisses d'erreur.

---

1. Cela explique que Forventor ait inscrit à son catalogue de formation un stage sur « Les techniques de l'interprétation théâtrale au service de la vente », voir www.forventor.fr.

Les moyens de preuve sont très nombreux. Voyons comment apporter la preuve de vos dires :

1. Les normes de certification ISO rassurent quant à la qualité des produits ou services offerts. Les normes CE, NF, AFNOR ont des visées similaires.

2. Les démonstrations, les essais, l'échantillonnage, les prêts de matériel ou encore la location sont de formidables moyens de combattre la perplexité d'un utilisateur potentiel.

3. Les références offertes par le témoignage de fidèles clients, habitués à l'usage de ce que vous vendez, constituent également un très efficace moyen de prouver vos dires et de lever les doutes.

Présentez vos arguments en une cascade de déductions logiques

Le chapitre 8 vous a fourni l'occasion de parfaire votre technique d'argumentation par la déclinaison des CAB[1] de vos produits ou solutions. Bien présentée, cette cascade argumentaire peut aisément se muer en un raisonnement implacable qui éradique tout doute chez votre interlocuteur. Une rapide démonstration va vous en persuader.

Vous voulez convaincre un prospect que le service technique de votre société est très réactif et intervient sans délai. Pour cela l'argument (avancé fréquemment) est de faire observer à votre vis-à-vis que vous disposez de très nombreux sites (caractéristiques) répartis de façon homogène sur la France. Si vous enchaînez directement sur le bénéfice (aucun délai d'attente) vous créez une rupture logique, un hiatus, entre les deux termes. En clair, il n'y a pas de lien naturel suffisamment fort entre l'existence de nombreux sites et l'absence d'attente pour entraîner l'adhésion. En quoi de nombreux sites me protègent-ils d'un délai d'attente ? se demande, sceptique, le client. Son doute est né !

La vérité est que dans votre démonstration l'avantage a été omis. Cet avantage joue le rôle de preuve logique. Sa formulation crée de fait l'adhésion et lève tout doute. Pour vous en persuader, il vous suffit de lire l'énoncé qui suit. « *Nous avons de nombreux sites*

---

1. Caractéristiques, Avantages et Bénéfices.

en France (caractéristique). *Il s'en trouve plusieurs à deux pas de chez vous avec des techniciens prêts à intervenir* (avantage). *Vous n'aurez pas à attendre leur intervention* (bénéfice). » En résumé, l'avantage est le lien logique entre caractéristique et bénéfice qui constitue la preuve que le bénéfice sera bien au rendez-vous.

Il reste enfin que lever ses doutes avant toute décision correspond à un besoin aussi psychique que rationnel chez l'humain. Il est donc nécessaire de renforcer plus encore les liaisons logiques pour les rendre plus probantes. En ce sens des expressions du genre « *en conséquence* », « *par conséquent* », « *donc* », « *il en découle* », « *c'est pourquoi* », « *ceci entraîne* », « *il s'ensuit* », ou encore « *autrement dit* », « *c'est-à-dire* », etc., font merveille. Reprenons notre exemple d'intervention rapide et déclinons-le ensemble en ajoutant des locutions de liaisons logiques : « *Nous avons de nombreux sites en France. **Autrement dit**, il s'en trouve plusieurs à deux pas de chez vous avec des techniciens prêts à intervenir. **Par conséquent**, vous n'aurez pas à attendre leur intervention.* » L'usage bien compris de ces locutions donne un étonnant sentiment de certitude qui entraîne la conviction de celui qui achète. Le doute est éradiqué !

Les mots noirs, artisans du doute, et ceux qui font vendre

Il est des mots dont on ne se méfie pas et qui, insidieusement, parlent à l'inconscient de l'interlocuteur. De là des réactions positives ou négatives qui contribuent à apaiser le doute ou bien au contraire à le susciter. Voici une liste non exhaustive qu'il est bon de connaître :

1. Au lieu et place de *je, moi, nous, notre...* qui évoque votre personne ou celle de votre entreprise, il est préférable de parler du seul sujet qui intéresse vraiment votre vis-à-vis : lui-même ! Utilisez les vocables *vous, vos, votre* et vous éveillerez ainsi chez lui plus d'intérêt et limiterez sa méfiance.

2. Les termes de *coût, dépense et prix* génèrent des réactions légitimes de défense chez tout individu. Ils sous-entendent une perte de substance ou de diminution de pouvoir d'achat à venir. Les prononcer renforce inutilement la résistance à payer et de là à acheter. Choisissez l'emploi de mots plus agréables à l'oreille tels que ceux d'*économie*, de *valeur* ou d'*investissement*. Ainsi

plutôt que de dire « *Ce matériel coûte 1 000 euros* » ce qui est indéniablement rébarbatif, entraînez-vous à dire : « *En investissant 1 000 euros, vous bénéficiez de tous les avantages du matériel que je vous propose.* »

3. Les qualificatifs *traditionnel, classique* ou *ancien* sont moins vendeurs que l'on peut l'imaginer. Il est vrai que la baguette de pain « Tradition » peut apparaître attractive à beaucoup. En revanche, est attachée à ces termes la négation de l'intérêt de tout progrès accompli au cours des dernières décennies. Prenons l'exemple de l'assertion suivante : « *Cette maison est construite en matériaux traditionnels.* » De prime abord l'expression fait songer à une maison de qualité. En revanche rien n'indique qu'elle est moderne. La formule « *Cette maison a été conçue à partir des matériaux les plus modernes, qui incorporent les récentes découvertes en matière d'isolation et de résistance à l'usure du temps* » est infiniment plus aguichante. Il va sans dire que les mots *classique* et *ancien* (sauf chez les antiquaires) sont à bannir. Dans la plupart des esprits ils sont synonymes de *quelconque, banal* ou *déjà vu*. Exemple : « *Voici un appareil photo classique* » installe le doute chez l'acquéreur potentiel. Ce qu'il envisage d'acheter est tout simplement dépassé et éteint son désir de le posséder.

   Alors quelle formule employer ? Les termes de *jeune, nouveau, moderne, récent, dernier*, etc., sont plus séduisants et capables d'aider à éveiller l'intérêt et le désir d'acquérir.

4. Dans le même esprit on préférera parler d'aujourd'hui, de demain ou de l'avenir plutôt que d'hier et du passé. Par exemple « *les techniques d'aujourd'hui* » apparaissent d'emblée dans le vent, alors que celles d'hier sont par définition *has been* et propres à semer le doute sur la qualité d'un achat.

5. Évitez ce qui, peu ou prou, touche à la révolution. Ce terme entend une rupture excessive par rapport aux techniques passées et de là un risque que vos interlocuteurs ne veulent pas prendre (par exemple un matériau révolutionnaire). Quoi de plus normal dans un pays qui a connu plus de quatre années de révolution au cours desquelles tant de têtes sont tombées... L'expression plus appropriée est « évolution ». Elle évoque à la fois les racines du passé et l'incorporation du progrès : « *Ce matériau résulte d'une longue évolution...* »

6. Méfiez-vous des expressions « *C'est clair* » ou encore « *C'est évident* » en écho au propos tenu par un interlocuteur. Plus agressives qu'il n'y paraît, elles sont comprises par votre alter ego comme « *Je viens de dire une banalité* ». S'il a éprouvé le besoin de l'exprimer, c'est que son idée est intéressante à ses yeux. Préférez plutôt les locutions : « *Vous avez raison* » ou « *Je partage votre avis* » ou encore « *C'est juste ce que vous dites* ». Ainsi il se reconnaît en vous et donc ne peut douter de vous, et pour cause !

7. Dans le même esprit, évitez utilement d'exprimer votre désaccord. Les vocables « *Je ne partage pas votre avis* » ou « *Je ne suis pas d'accord* » ou enfin « *Vous vous trompez* » sont très coûteux en bons de commande. On fait plus aisément confiance à ceux qui nous comprennent. Le bon automatisme est de faire précéder votre réponse par un : « *Je comprends votre point de vue. Le mien est un peu différent.* »

8. Les concepts de SAV ou de services après-vente sous-entendent la réparation et donc l'éventualité de pannes. Il est plus adroit de parler de « service clients » ou encore de « l'assistance aux utilisateurs ».

9. Parmi les formules qui inclinent au doute et partant à la négation, nous trouvons toujours ou jamais. « *C'est toujours la même chose* » pousse plutôt ceux qui l'entendent à s'inscrire en faux : « *Non, pas toujours.* » En revanche l'expression parfois est génératrice de « oui » : « *Vous arrive-t-il parfois de vous dire… ?* » (parfois, oui, bien sûr). De plus, vous obtenez quelques petits oui supplémentaires sans grand effort.

10. Pareillement, la conjonction mais, placée entre deux locutions tend à annuler la première au profit de la seconde. « *Vous avez bien travaillé, mais vous n'avez pas terminé* » est souvent partiellement vécu comme « *On n'a pas si bien travaillé que cela* ». Alors comment pratiquer ? Tout simplement en évitant le mais : « *Vous avez bien travaillé. Pensez-vous pouvoir finir à temps ?* » L'adhésion est immédiate.

11. Également l'expression « *C'est impossible* », en réponse à une demande, est vécue comme une fin de non-recevoir qui sème le doute sur votre sincérité et n'éteint pas ladite demande. Préférez

la formule « *Je crains que non. Je vais le vérifier* » qui lève tout soupçon de mauvaise volonté et apaise les esprits.

12. Pour terminer ce catalogue non exhaustif des mots noirs, générateurs de doute, « *Je vais vous le prouver* », tend à vouloir dire : « *Tu vas, contraint et forcé, devoir accepter ma preuve.* » Plus douce et conviviale, la formule « *Je vais vous apporter la preuve…* », favorisera bien davantage l'accord recherché.

Travaillez sur les critères de décision des Hésitants

Le doute est père de l'indécision. Pas de doute, pas d'indécision. Cette observation conduit à emprunter un autre cheminement, très efficace, pour combattre le doute. Celui-ci passe par une attaque frontale de l'indécision. Et comment mieux affronter l'indécision qu'en sollicitant l'indécis sur ses critères de décisions ? Demandez au sceptique : « *Qu'est-ce qui vous déciderait ?* », ou « *Que dois-je dire ou faire pour vous décider ?* » ou « *Qu'est-ce qui vous fait hésiter ?* ». Attendez la réponse. Elle vous livrera rapidement les causes du doute et, par voie de conséquence, l'argument à employer pour lever le doute vous sera servi sur un plateau…

N'hésitez pas à semer le doute chez les « Défiants »

Nous l'avons vu plus haut, si le doute est le pire ennemi du vendeur, il est quelquefois son meilleur ami. Cette fois, c'est davantage le client qui peut être victime du doute. Sachez utiliser cette arme et la retourner contre lui.

Commençons par observer en quoi les Défiants diffèrent des Hésitants. L'Hésitant est, en lui-même, un client potentiel proche du passage à l'acte d'achat. Ce qui le sépare de cet aboutissement c'est le doute, autrement dit une hésitation. Celle-ci porte plutôt sur le bien-fondé de son besoin. (« *En ai-je vraiment besoin ?* » se demande-t-il, « *Est-ce que cela va m'être utile ?* ») Le Défiant, quant à lui, doute davantage de votre produit, de vous et de votre entreprise que de son besoin. Il est acheteur mais entretient en lui l'intime conviction qu'il y a mieux ailleurs et pour moins cher !

Dans ce cas de figure semer le doute sur la pertinence de son choix est une arme redoutable. Comment la manier ? Simplement en attaquant ses raisonnements, ses critères de décision et sa solution. Sans avancer de propos diffamatoires à l'endroit du concurrent qui bénéficie de sa préférence, faites valoir les inconvénients que recèle la solution proposée par ce dernier. Après les CAB (caractéristiques, avantages, bénéfices) déclinez les DIP…

La technique des DIP, pour semer un doute favorable

La technique des DIP[1] consiste à décliner les **Défauts** de la solution concurrente avancée par votre interlocuteur, en **Inconvénients** techniques et **Pertes** pour lui. Bien évidemment, loin de nous l'idée de vous inviter à un dénigrement concurrentiel. Décrier un concurrent est contre-productif. Cette réflexion fait l'unanimité chez les commerciaux d'expérience. En revanche, informer rationnellement le futur acquéreur des inconvénients de la solution qu'il envisage et des pertes ou manques à gagner que celle-là risque d'entraîner pour lui est un formidable moyen de semer le doute dans son esprit et d'ébranler ses certitudes.

Examinons comment pratiquer. Côté Défauts, il s'agit de faire ressortir les spécificités, autrement dit les aspects différenciants qui caractérisent la solution concurrente. Mais ici, le choix des caractéristiques se doit d'être judicieux. Elles doivent constituer des défauts. Les Défauts mis en évidence seront exclusivement ceux qui sont porteurs d'Inconvénients et générateurs de Pertes potentielles pour le client.

Reprenons notre exemple de l'argument « possession de nombreux sites » pour persuader un client que les interventions de vos techniciens s'opèrent sans délai. Ici, le DIP à déployer contre un concurrent disposant d'une seule base d'intervention est le suivant : « *La société dont vous me parlez est sérieuse. En revanche, compte tenu de ce que vous m'avez dit, elle recèle pour vous un défaut. En effet, elle dispose pour son SAV d'une seule base* (défaut). *L'inconvénient*

---

1. DIP : Défauts, Inconvénients, Pertes. Inventée et mise au point par le cabinet Forventor.

est que les temps de transport de ses techniciens sont très longs et inéluctablement coûteux (inconvénients). *Par conséquent, vous qui êtes attaché à des délais d'interventions courts, votre risque de déception en cas de panne est élevé : attentes et frais de déplacements vous indisposeront* (pertes) *!* »

Vous l'avez certainement compris, les Inconvénients sont les Moins, les insuffisances ou imperfections techniques que transporte le défaut que vous souhaitez attaquer. Quant aux Pertes, ce sont toutes les conséquences que les inconvénients charrient et qui contrarient les attentes de votre interlocuteur. En résumé, pour semer le doute revenez au point « C », le point d'hypersensibilité de votre client, et démontrez-lui par un ou deux DIP, qu'il prend le risque de n'être pas satisfait par la solution concurrente qu'il envisage.

APPLICATION À VOTRE ENTREPRISE

Mettre le doute dans l'esprit d'un client nécessite une force de conviction qui oblige à une préparation. Afin d'adapter ce que nous venons d'étudier à votre métier, je vous invite à réfléchir un instant sur quelques DIP de solutions concurrentes.

**Quels sont les DIP qui permettent de semer
le doute dans l'esprit de vos clients ?**

Défauts	Inconvénients	Pertes/manques

Chapitre 17

L'APPROCHE PYRAMIDALE DU POINT DE CLOSING[1]

> *— Écoute, je trouve que ton histoire n'avance pas vite.*
>
> *— Pourtant je fais de mon mieux.*
>
> *— À mon avis, il est grand temps de mettre le paquet.*
>
> *— Qu'est-ce que tu proposes ?*
>
> *— Un vrai bombardement !*
>
> *— C'est-à-dire ?*
>
> *— Écoute-moi.*

Pour comprendre l'approche pyramidale du point de Closing, un résumé s'impose. Nous avons mis au jour quatre démarches possibles pour faire admettre son besoin à un client.

Les 4 versants de la pyramide du Closing

> En première intention, la démarche la plus courante conduit à poser des questions à votre interlocuteur sur ses problèmes, les difficultés qu'il souhaite résoudre et les motivations qui énergisent l'achat envisagé. C'est le premier versant de la pyramide dont le sommet concrétise le point de Closing.

---

1. Approfondissement recommandé : vidéo N° 11 – *Démolir avec élégance la solution concurrente (2ᵉ partie)* – Rubrique formation en ligne – www.forventor.fr

> En deuxième intention, à défaut de réponses exploitables, mettant clairement en évidence le point de Closing de votre interlocuteur, vous pouvez opter pour l'énoncé des 3P. C'est le deuxième versant de la pyramide du Closing. Cette technique, développée au chapitre 6, vise à révéler sans détour son besoin à votre vis-à-vis. Si celui-ci vous dit qu'il n'a pas soif, plutôt que de lui demander pourquoi et de s'en expliquer, l'approche 3P, on s'en souvient, consiste à lui vendre l'idée de devoir se désaltérer en démontrant l'intérêt et la nécessité de boire régulièrement, et faire valoir que les conséquences pour lui d'une déshydratation seront effroyables. Autrement dit, la méthode des 3P vise à faire percevoir à vos interlocuteurs les problèmes et difficultés dont ils ne semblent pas avoir conscience spontanément.

> Le besoin admis ou non par votre client, la présentation argumentée de votre produit est le troisième versant de la pyramide du Closing. Cette méthode, voie royale des vendeurs en foire, est très usitée par les commerciaux. Elle les rassure. Parler leur donne l'illusion de mieux faire leur métier et de disposer faussement d'un pouvoir (le maître parle et l'élève écoute). La technique CAB, examinée en détail au chapitre 8, décline les Caractéristiques du produit offert ou de la solution proposée, en Avantages et Bénéfices pour le client. Elle vise à venir stimuler d'une troisième manière le point de Closing, celle de la voie argumentaire.

> Enfin, nous avons vu la possible mise en œuvre d'une quatrième démarche. Quatrième versant de la pyramide, le client reconnaît son besoin mais préfère une solution concurrente à la vôtre pour en assurer la satisfaction. En ce cas, la déclinaison des Défauts de ladite solution en Inconvénients et Pertes pour le client qui fait fausse route, suffit souvent à lui démontrer que la satisfaction recherchée (le point de Closing) ne sera pas au rendez-vous et le dissuade d'acheter un produit concurrent.

En regardant de plus près ces quatre approches du désir du client, nous pouvons observer qu'elles constituent bien une pyramide (*cf.* ci-après). Cette pyramide est composée de deux grands axes tactiques pour obtenir l'adhésion de vos clients. L'axe Pull et l'axe Push.

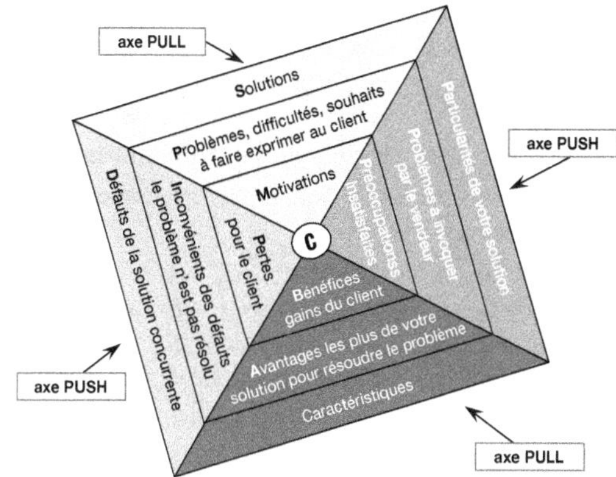

Les 2 versants de l'axe PULL

C'est l'axe positif par excellence. Je le nomme l'axe PULL en raison de son centrage sur l'attractivité des bénéfices de votre solution, que ce soit ceux recherchés par le client (motivations et résolution de problèmes et difficultés) ou bien ceux qui lui sont apportés par votre produit ou solution.

Pour illustrer les deux démarches qui vous permettent de cheminer jusqu'au point de Closing par l'axe PULL, prenons l'exemple de la vente d'une carte Visa Premier. Celle-ci inclut (entre autres avantages) une assurance annulation voyage et une assurance rapatriement que ne comporte pas la carte bleue classique :

Approche du point de Closing par le questionnement

1. Questions sur les problèmes et difficultés : « *Vous arrive-t-il de souscrire une assurance annulation pour vos voyages ? une assurance rapatriement en cas d'accident ou de maladie ? De devoir acquitter un complément d'assurance à l'occasion d'une location de voiture ?* »

2. Question sur les motivations : « *Que pensez-vous de tous ces suppléments qui viennent alourdir le montant de vos achats et qui finissent par grever votre budget ?* »

3. Closing sur le besoin : « *Que pensez-vous de l'idée d'économiser toutes ces insupportables dépenses ? Si je vous trouve une solution pour ne plus avoir à les acquitter, êtes-vous partant ?* »

Approche du point de Closing par l'argumentation

1. Caractéristique : « *La carte Visa Premier est une carte internationale aux fonctions élargies.* »

2. Avantage : « *Elle inclut de nombreuses assurances, aussi bien pour l'annulation de voyage que pour votre rapatriement en cas de coup dur à l'étranger ou tout simplement une assurance complémentaire tous risques lors d'une location de voiture...* »

3. Closing sur le bénéfice : « *Vous faites une économie considérable. Un unique voyage à l'étranger suffit à l'amortir et ne plus avoir à supporter tous ces frais annexes qui viennent grever votre budget voyage. Qu'en pensez-vous ?* »

Les 2 versants de l'axe PUSH

Ici l'axe dominant est négatif. Cette fois, l'approche est entièrement centrée sur l'évocation spontanée des problèmes que résout votre produit et dont le client n'a pas conscience, ou encore sur les pertes ou insuffisances générées par les défauts des solutions concurrentes qui ne surmontent pas la difficulté en question.

Pour illustrer ces deux autres démarches revenons à notre exemple de carte Visa Premier.

Approche du point de Closing par la technique des 3P[1]

1. Problème : « *Le problème quand on voyage c'est de devoir acquitter de lourds frais complémentaires d'assurances, aussi bien pour l'annulation éventuelle du voyage en question que pour le rapatriement en cas d'accident de santé, ou encore de devoir supporter les assurances tous risques en cas de location de voiture.* »

---

1. Il est souvent adroit de passer la Particularité et d'avancer directement le Problème à résoudre.

2. Préoccupations et attentes non satisfaites : « *Non seulement votre budget vacances dérape, mais c'est autant d'argent dépensé bêtement et non pour le plaisir !* »

3. Closing sur le bénéfice : « *J'ai une solution pour transformer ces dépenses en petits restaurants et en achats de souvenirs sympas. Êtes-vous intéressé ?* »

Approche du point de Closing par la technique des DIP

1. Défaut : « *Le défaut de la carte bleue classique est de ne pas comporter d'assurance complémentaire annulation de voyage et d'assurance rapatriement en cas de coup dur à l'étranger.* »

2. Inconvénient : « *En conséquence, il vous faut souscrire en plus à deux assurances, annulation et rapatriement, qui coûtent cher et souvent ne servent à rien.* »

3. Pertes : « *Au final, votre carte bleue vous revient beaucoup plus cher, car s'y ajoutent les primes de ces deux assurances, qui sont élevées. C'est ça que vous voulez ?* (Closing) »

Entre PULL et PUSH, quel axe choisir ?

S'il est une question récurrente soulevée en séminaire par les participants, c'est bien celle du choix de l'axe pour approcher le point de Closing. Chaque axe comporte son lot d'avantages et d'inconvénients. S'agissant de convaincre, chacun doit faire le choix de la méthode en fonction de deux grands critères :

> la plus ou moins bonne maîtrise de la méthode retenue ;

> le type de clients à qui l'on s'adresse.

La maîtrise de la méthode retenue

Certains commerciaux, de par leur caractère et leur disposition à « diriger » les clients, ont une propension marquée à révéler le besoin à leurs interlocuteurs et à argumenter. En ce cas, ils seront portés naturellement à emprunter l'axe Push pour la reconnaissance du besoin par la méthode des 3P (particularité, problèmes et préoccupations ou attentes non satisfaites), et l'axe Pull pour parler de leurs solutions en réponse au besoin en question.

D'autres se sentent plus à l'aise en adoptant la démarche plus soft du questionnement. Le client, conduit adroitement à s'interroger par un jeu de questions judicieuses, accède à la perception de son besoin. N'est-ce pas cette technique qu'affectionnent les psychologues pour faire évoluer leurs patients ? Sachez qu'il n'y a rien à gagner à faire usage de moyens mal maîtrisés, surtout en matière commerciale. Autrement dit, faites le choix de la technique avec laquelle vous êtes en phase.

Le type de client

Le profil des clients n'est pas unique. Parmi eux, certains répondent bien aux questions posées et sont relativement diserts pour exposer leur problème et confier leurs motivations. D'autres sont *a contrario* silencieux, et de peur d'en dire trop ne parlent pas assez ou alors ne ressentent pas leur besoin. Les premiers sont plus sensibles au questionnement et y répondent généreusement. Les seconds, attachés à leur pouvoir de décision, se détendent quand le commercial expose et présente. Alors que les premiers acceptent de verticaliser spontanément par le bas, les seconds ont le sentiment de verticaliser par le haut en entendant le vendeur parler. Pour ceux-ci pas d'hésitation : les 3P (axe Push), associés à la déclinaison des CAB de vos produits s'imposent. Enfin, face aux doutes de celui qui hésite entre votre proposition et une solution concurrente, point de tergiversation : il vous faut emprunter le passage obligé des Défauts des produits concurrents (ou solutions) en Inconvénients et Pertes pour votre client (axe Push).

Chapitre 18

EN FIN D'ENTRETIEN, SACHEZ VAINCRE LES 10 ULTIMES BARRAGES À LA CONCLUSION[1]

> «
>
> – *Franchement, je ne m'en sors pas dans cette affaire-là !*
>
> – *Qu'est-ce qui s'est passé ?*
>
> – *Je lui ai dit comme tu m'avais dit :* « Pour notre dîner aux chandelles, tu préfères que ça se passe chez moi ou chez toi ? » *Et je me suis pris en réponse un :*
>
> – « *J'sais pas. Il faut que je réfléchisse.* » *Tu vois le genre ?*
>
> – *Et tu es resté coincé, c'est ça ?*
>
> – *Ben ouais !*
>
> – *Dommage ! Pour décoincer, il faut savoir où ça coince. Et pour le savoir, il suffisait de lui demander :* « Il y a quelque chose qui te fait hésiter ? »
>
> »

La directrice commerciale d'une société spécialisée dans l'architecture textile, désireuse de booster ses ventes et d'optimiser la stratégie de visites de ses commerciaux, me reçoit par l'entremise d'un ami commun. L'entretien de vente se passe bien. Après avoir

---

1. Approfondissement recommandé : vidéo N° 13 – *Obtenir la décision des indécis récalcitrants* (2ᵉ partie) – Rubrique formation en ligne – www.forventor.fr

analysé la problématique commerciale de l'entreprise ainsi que les attentes profondes de mon interlocutrice, j'avance une reformulation. Mon résumé transcende si bien le besoin mis au jour, qu'il est validé spontanément par un « *C'est exactement ça !* » enthousiaste de ma future cliente. Point n'est besoin d'aller plus loin. Je passe donc à la conclusion et une proposition-test : arrêter la date du séminaire me semble parfaitement approprié. C'est alors que les choses se compliquent. Mon interlocutrice passe de l'enthousiasme à l'hésitation. Puis en vient à balbutier la nécessité de réfléchir.

Vous a-t-il été donné l'occasion de devoir faire entrer dans une bergerie un agneau en train de paître tranquillement dans un champ ? La façon de s'y prendre est la plus belle illustration du processus de la conclusion de vente. Tout d'abord, vous devez contourner l'animal en partant du fond du champ et en remontant derrière lui. Vous avancez ensuite lentement en direction de la bergerie. En réaction, l'agneau, par définition craintif, s'éloigne doucement en veillant à maintenir une distance respectable de sécurité entre lui et vous. Ainsi, il s'avance sans trop y prendre garde vers la destination que vous lui assignez. Vient le moment où l'entrée de la bergerie se profile et où votre mouton comprend enfin ce que vous attendez. Une peur bien légitime s'empare de lui. La fuite s'impose. Votre problème dès lors est de parvenir le plus vite possible à fermer l'angle. Tout s'accélère. Il vous faut courir d'un bout à l'autre de cet angle pour verrouiller les issues, bloquer ainsi l'ovin et l'obliger à entrer dans cette satanée bergerie. S'il s'échappe tout sera à refaire. Et gageons que cette fois, devenu méfiant, votre agneau, revenu au fond du champ, n'avancera plus dans la direction que vous souhaitez !

C'est ce que j'appelle *le syndrome du champ*. Plus nos clients s'avancent vers la solution que vous entrevoyez à leurs difficultés, à leurs problèmes, et plus grandes et vives sont leurs tentatives de fuite. Les choses s'accélèrent au rythme de leurs inquiétudes, voire de leurs angoisses, qui se font jour. « *J'y vais ou je n'y vais pas ?* » Les tentatives d'échapper se multiplient en proportion des enjeux. Pour nous, le moment est venu de ne pas mollir. Il nous faut combattre les échappatoires, surmonter les réticences et bloquer les dérobades. Notre interlocuteur veut mettre fin à l'entretien et repartir au fond du champ. Nous devons à tout prix l'en empêcher et lui faire prendre position. C'est maintenant ou jamais !

Dix ultimes objections nous sont généralement opposées par les clients qui refusent la... bergerie. Il est bien rare qu'ils fassent usage de plus de deux avant de consentir à y entrer :

1. *« Il faut que je réfléchisse. »* (et ses formules dérivées)

2. *« Je dois en parler à... »*

3. *« Ce n'est pas le moment, j'envisage cela pour plus tard. »*

4. *« Rappelez-moi dans quelques jours. »*

5. *« Je travaille déjà avec... et je ne peux pas lui faire ça. »*

6. *« Oui, mais... »* (l'objection pour l'objection)

7. *« C'est pas mal, mais je veux consulter vos concurrents avant de me décider. »*

8. *« Avez-vous une documentation à me remettre ? »*

9. *« J'ai pour principe de ne jamais signer la première fois. »*

10. *« Je n'aime pas me décider vite. »*

« Il faut que je réfléchisse »

Ici la manœuvre est dilatoire. Notre prospect vise à gagner du temps, à sortir sans engagement et à reconstituer un espace de liberté. En bref, il veut repartir au fond du champ. Loin des yeux loin du cœur ; une fois parti tout sera à refaire. Il faut éviter la rupture d'entretien et aller chercher la vraie objection, celle qui se cache peut-être derrière cette formule et qui, à défaut d'être levée, empêche l'obtention d'une décision favorable. La réponse optimale, et au succès éprouvé, que vous devez connaître et énoncer comme un réflexe est de dire : *« Il y a quelque chose qui vous fait hésiter ? »* Pour peu que vous preniez soin de faire silence et de regarder bien droit dans les yeux votre interlocuteur, vous obtiendrez l'objection qui se dissimule et qui fait obstacle à la signature. À défaut, votre interlocuteur ne répondra pas et repartira au fond du champ. Un conseil : respectez scrupuleusement la formulation que je vous propose. Évitez des formules approximatives du style *« Je peux vous aider à réfléchir »* ou encore *« Réfléchir à quoi ? »*. À la première il vous sera répondu, par exemple : « *J'ai besoin de prendre du recul* » et peut-être à la seconde « *C'est personnel* » ou encore « *J'ai tout de même le droit de réfléchir !* ». Vous resterez pendu ! Ces formules laissent en effet entrouvertes des portes de sorties béantes, portes dans lesquelles vos clients se précipiteront en raison de leur peur panique de signer.

▰▰▰▰ « *Je dois en parler à...* »

Le cabinet Forventor que je dirige réalise l'*outplacement* de commerciaux privés d'emploi. Nous leur apprenons à se positionner non pas en quémandeurs d'emploi mais en vendeurs de compétences commerciales et offrir à leurs interlocuteurs (DRH, consultants ou dirigeants commerciaux) des solutions pertinentes et efficaces à leurs problèmes de développement, de prospection ou de marges. Dans la perspective de se vendre, nous leur apprenons à conclure de la même façon que s'ils avaient à vendre n'importe quels produits et nous mettons au point avec eux les formules de conclusions susceptibles d'entraîner la décision de leurs interlocuteurs. Or, il est fréquent qu'ils s'entendent répondre : « *Votre candidature est intéressante, il faut que j'en parle au président ou au directeur commercial* » ou à toute autre personne dont l'avis est obligatoire quand bien même leur vis-à-vis a été identifié par eux en début d'entretien comme le décideur central. Que faire dans un tel cas ? Un cas si fréquent qu'il est devenu usuel de l'entendre chez beaucoup de clients. Le problème est de savoir s'il s'agit d'une échappatoire ou si la consultation d'une tierce personne est un point de passage obligé pour obtenir la décision finale. Une seule solution se présente : décomposer la résolution du problème en deux temps. Premier temps, il faut s'assurer qu'il ne s'agit pas d'une fausse barbe masquant une objection réelle et inavouée. Dans un second temps, toute objection ou hésitation levée, nous devons impérativement obtenir la complicité de notre interlocuteur afin d'entraîner l'adhésion de la tierce personne à consulter.

Ici encore l'automatisme vous fera surmonter le handicap. Vous commencerez par reconnaître à votre vis-à-vis que son souhait de consulter untel ou untel est tout à fait légitime ; puis vous lui poserez la question de confiance : « *Mais s'il ne s'agissait que de vous, seriez-vous d'accord ?* » Vous attendrez sa réponse dans un silence religieux. Deux cas de figure se présentent alors à vous. Une objection ou une hésitation se fait jour et vous y répondez, puis tenterez de conclure à nouveau. Dans un second cas de figure, votre vis-à-vis avance que, pour sa part il serait tout à fait d'accord pour passer commande. Alors vous pourrez lui demander : « *Que pouvons-nous faire ensemble pour convaincre (votre président, votre épouse ou votre... cheval) ?* »

« *Ce n'est pas le moment, j'envisage cela pour plus tard* »

Vrai ou faux. Sempiternel problème de l'ultime objection. Notre interlocuteur se débarrasse-t-il de nous ou au contraire une contrainte de temps, non encore révélée, l'oblige à différer son projet ? Pour le savoir, le mieux est de le lui demander : « *Sans être indiscret, qu'est-ce qui vous fait penser que plus tard ce sera mieux ?* » Une question dans laquelle, ici aussi, chaque mot compte.

« *Ça m'intéresse, appelez-moi dans quelques jours* »

Attention, « Danger à Tanger » ! Le risque est grand que nous nous laissions bercer par nos propres illusions. Nous voilà en effet enclin à penser qu'il a quelque chose à examiner, un avis à demander ou une contrainte administrative à supporter qui diffère une décision certaine. C'est justement là où le bât blesse. Son invite à le laisser réfléchir ne vaut pas un clou ! Le client nous propose de le laisser repartir au fond du champ, nous laissant entendre que sous quelques jours il entrera dans la bergerie pour peu qu'on lui laisse du temps ! Eh bien non ! Quand vous l'appellerez, il ne sera pas disponible ou demandera que vous le rappeliez plus tard, quand il ne deviendra pas purement et simplement impossible à joindre. À dire vrai, la formule « *Appelez-moi dans quelques jours* », est une manœuvre dilatoire. En réponse, l'expression que nous venons de mettre au point fera l'affaire : « *Sans être indiscret, qu'est-ce qui vous fait penser que plus tard ce sera mieux ?* » ou encore « *Il y a quelque chose qui vous retient ou qui vous préoccupe ?* ». Vous mettrez ainsi au jour la réalité de l'empêchement ou des éventuelles contraintes de votre prospect. Vous serez à même d'y répondre et éviterez de vous faire mettre sur la touche.

« *Je travaille déjà avec... et je ne peux pas lui faire ça* »

Ah ! fidélité quand tu nous tiens... Un principe peu aisé à remettre en cause et qui n'est pourtant pas incontournable.

Les psychosociologues ont découvert que l'organisation de notre pensée se fait au travers de deux grandes sphères. Une sphère *socio-objective* et une sphère *instinctivo-affective*. À la première, d'essence rationnelle, se rattachent tous nos calculs, nos objectifs professionnels, nos désirs de réussite, notre besoin de pouvoir et la recherche d'une certaine reconnaissance des autres. Dans la seconde, plus subjective, faite de sentiments, d'affectivité, d'inclination, nous trouvons nos satisfactions affectives et sexuelles, nos goûts les plus divers, nos sentiments religieux et nos échelles très personnelles de préférence. La première sphère nous rattache au monde de l'intelligence et de la réflexion, alors que la seconde nous renvoie à celui de nos pulsions profondes et préjugés moraux ou culturels.

Convenons que devoir décider de choisir entre deux fournisseurs devrait se rattacher à la sphère rationnelle, celle du calcul, du meilleur rapport qualité-prix ou encore du service le plus efficace. Cette vérité de principe n'empêche pas que le sentiment, et c'est heureux, s'infiltre partout. Ce sympathique phénomène de « migration affective » donne goûts et couleurs à notre quotidien professionnel et participe aux joies et plaisirs de la vie des affaires. Il arrive toutefois que cette infiltration vienne à dépasser la simple coloration et peser, voire modifier les opinions et choix de nos clients. Au point que c'est à l'encontre de leurs plus élémentaires intérêts qu'ils prennent le parti de maintenir un fournisseur ou de perpétuer leur préférence à une marque plutôt qu'à consentir d'en changer.

De là viennent ces sempiternelles réticences exprimées par nos prospects sous la forme d'un « *J'ai l'habitude de travailler avec untel* » ou « *Je ne peux faire ce coup-là à mon banquier* » ou encore « *Je ne vois pas comment annoncer à... que je les quitte* ». Fidélité, loyauté et transparence voilà de magnifiques qualités. Elles appartiennent toutefois à la sphère instinctivo-affective. Le client se comporte, ni plus ni moins, comme s'il était marié avec son fournisseur. Il pense lui devoir une sorte de fidélité. Commander de temps à autre ailleurs constitue une tromperie et changer de marque revient à quitter un véritable conjoint, qui a conquis ses galons et les droits y afférents à l'ancienneté. Ce que je vous développe là est si objectivable que nombreux parmi vous ont déjà entendu des prospects, se décidant favorablement à changer de fournisseur, dire : « *Après tout, nous ne sommes pas mariés avec lui !* »

Alors venons-en à ce que vous attendez avec l'impatience que je devine : comment faire face à ce type d'ultime objection ? Ce n'est évidemment pas facile. Commençons par observer que parvenus à ce stade les arguments rationnels ont dû être épuisés et notre interlocuteur parfaitement convaincu. À défaut, son objection est une fausse barbe derrière laquelle se cache une vraie réfutation. Il nous faut dans ce cas débusquer cette dernière et y répondre avant toute autre manœuvre.

Pour cela faites tout d'abord observer à votre interlocuteur que vous appréciez sa fidélité et que celle-ci est tout à son honneur. Puis demandez-lui si, hormis ce problème, c'est la seule chose qui le retienne : « *Votre loyauté envers vos fournisseurs vous honore et sachez que je l'apprécie. Dites-moi, mis à part votre souhait de demeurer fidèle, voyez-vous une autre raison qui fasse obstacle à ce que nous travaillions ensemble ?* » La réponse sera attendue dans un silence religieux. Si elle est positive, le moment n'est pas encore venu de quitter la sphère du rationnel. Comprendre l'objection ainsi que son fondement, puis y répondre est prioritaire. Ce n'est qu'une fois toutes les objections réfutées que vous allez pouvoir et devoir quitter l'univers du *socio-objectif* pour celui, infiniment plus délicat de *l'instinctivo-affectif*. L'erreur serait en effet de communiquer dans la mauvaise sphère. Une erreur souvent commise par les commerciaux qui tentent d'opposer des arguments rationnels aux préoccupations affectives de leurs interlocuteurs. Cette fois, c'est dans sa sphère instinctivo-affective qu'il nous faut aller le chercher pour avoir une chance de le convaincre. Deux voies s'offrent à nous, voies qui pourront être empruntées l'une après l'autre. La première consiste à lui faire remarquer que sa fidélité (son exclusivité) n'est pas réciproque : « *Si votre fidélité pour... vous honore, remarquez qu'elle est unilatérale. Je veux dire que..., lui, ne se prive pas de travailler avec d'autres et que parmi eux se trouvent vos concurrents.* » Laissez faire le travail et donnez du temps au temps. Les positions subjectives évoluent moins rapidement que la pensée objective. Dans la sphère *instinctivo-affective*, fidélité est étroitement associée à *réciprocité*. Votre interlocuteur prendra lentement conscience que nourrir quelque amitié pour X n'a pas pour corollaire de devoir tout lui sacrifier surtout en l'absence de réciprocité. Puis vous pourrez emprunter la seconde voie. Celle que j'appelle, en espérant ne choquer personne, le *cinq à sept*. En vérité notre tort est souvent de n'envisager que... *la totale*. J'entends par là que, de nos propos, transpire trop facilement notre désir d'obtenir la totalité du gâteau proposé. Pourquoi se montrer si gourmand ? Pourquoi ne pas borner, au moins dans un premier temps, nos désirs à la seule infidélité de quelques commandes par-ci, par-là. Il est encore trop tôt pour que notre client quitte son *conjoint de fournisseur* pour les seules affres de la vie commune avec nous : « *Tout en continuant à travailler avec X, autorisez-vous à passer au gré de vos intérêts quelques commandes. X a bien ses autres clients, lui !* » Puis enchaînez sans attendre sur une tentative de conclusion. « *Tenez, j'ai justement une belle affaire à vous proposer. La saisir ne lui portera pas préjudice et vous donnera l'occasion de profiter de cette offre avantageuse.* »

La fidélité est un principe qui asservit vos clients, aujourd'hui à votre concurrent et demain à vous-même. Soyez généreux avec eux. Ils ont besoin de votre aide pour s'en affranchir le temps de changer de fournisseur. Les amants qui se jurent éternelle fidélité alors qu'ils sont mariés chacun de leur côté supportent parfaitement cette contradiction de la nature humaine.

« *Oui mais...* » l'objection pour l'objection

L'observation d'entretiens de vente me persuade que certains d'entre eux sont à l'image du positif et du négatif d'une photographie. C'est pourtant bien de la même photographie dont il s'agit. Les objections dans ce cas ne sont ni plus ni moins qu'un argumentaire pour se défendre d'acheter ou de faire un mauvais achat. Un argumentaire dont la construction est identique mais de sens opposé à celui du vendeur. À l'inverse, convenons que nos réponses en retour sont, pour le client, des objections. Ainsi, le risque est grand que, le client se prenant au jeu, l'échange soit l'occasion ludique d'une bataille d'objections. Pour ne point s'avouer vaincu, il peut être tenté d'entretenir indéfiniment cette relation ludique avec le vendeur. On parle pour parler, sans aucun besoin réel d'acheter ! Ce type de client-là développe une aptitude toute particulière à argumenter pour argumenter, objecter pour objecter et à faire durer le plaisir de conversations interminables. Les commerciaux, sans trop s'en rendre compte, s'en font souvent les complices. Craignant toujours l'épreuve de vérité, celle qui conduit justement à être éconduits par un « *non* », ils consentent souvent à prolonger l'entretien plus que de raison. Ils retardent ainsi le moment de s'entendre opposer un refus. Or il faut pouvoir en sortir. Quand les objections s'accumulent, vient un moment où il faut en connaître les causes. S'accumulent-elles en raison de vrais problèmes posés par un client réellement intéressé ? Ou s'agit-il au contraire d'une réaction de barrage qui a pour seul objectif de retarder un peu plus longtemps le moment de rompre cette relation ludique, du genre ping-pong, avec le vendeur ? Conclure en retour sur objection est un élégant moyen pour y voir plus clair. Voyons en quoi cela consiste.

La démarche à adopter dans ce cas est la suivante :

- *(le commercial)* « *Vous me dites être finalement intéressé par ce caméscope mais que son prix dépasse pour l'instant votre budget, c'est bien cela ?*
- *(le client) Oui je reconnais qu'il est bien, mais trop cher pour moi !*
- *(le commercial) Si je réponds favorablement à votre objection et résous votre problème de prix, consentirez-vous à passer commande ?* »

Autrement libellé, le commercial invite son interlocuteur à ne plus accumuler les objections et à cesser de « le mener ainsi en bateau ». Il sollicite la preuve de son sérieux par la prise d'une position définitive. Il ne répond pas à la dernière objection. Il propose de lever l'objection en contrepartie d'un accord.

Cette façon de réagir est très efficace. Elle favorise la maîtrise de l'entretien par le commercial. Elle lui permet de rebondir et de reprendre l'initiative à un moment où, las de voir son vis-à-vis se défiler derrière des objections, il va pouvoir le mettre au pied du mur et mettre ainsi à l'épreuve son sérieux. En un mot il abrège l'entretien. Elle met éventuellement au jour l'existence de nouvelles objections non encore exprimées et qui vont permettre au client de faire perdurer son petit jeu. Enfin cette voie met un terme à l'accumulation des contre-arguments fallacieux et propose d'écourter l'entretien. Il faut savoir dire stop !

« *Il faut que je consulte vos concurrents* »

Aïe ! Les choses se corsent en Corse ! Voilà notre client en train de nous inviter à parler prix. Mais au fait, veut-il vraiment parler prix ou recherche-t-il quelque chose qu'il n'a pas trouvé dans notre offre ou encore est-ce un faux nez pour mieux nous indiquer la sortie ? Comment le savoir ? Tout simplement en l'invitant à nous le dire : « *Votre souhait est légitime, je le comprends et l'admets. Pouvez-vous en retour me dire ce qui vous semble perfectible dans ma proposition et qu'un autre opérateur pourrait vous offrir ?* » Allez chercher le pourquoi de l'objection. C'est en le sachant que vous pourrez agir à bon escient. Cela, en fonction d'une des trois réponses possibles offertes à votre client :

✓ 1ʳᵉ réponse : votre client avance une vraie objection.

La solution ou le produit que vous proposez est imparfaitement adapté aux attentes de votre client. En bref il n'est pas encore convaincu. Votre client est encore au fond du champ. C'est en allant le chercher et en répondant à son objection que vous pourrez conquérir la faveur de pouvoir le conduire dans la bergerie...

✓ 2ᵉ réponse : votre client cherche à obtenir un prix et, pour ce faire, vous met en concurrence.

Cette attitude est parfaitement justifiée et compréhensible. Notre problème ici est d'agir vite. Il est quelquefois moins coûteux de consentir une remise que de courir le risque d'avoir à connaître les affres d'un appel d'offres. Pour cela, verrouillez la position de votre interlocuteur en lui disant : « *Vous voulez dire que vous êtes décidé à commander et que seul le prix désormais vous préoccupe, c'est bien ça ?* » Une réponse positive vous indique que le moment est venu de parler prix et de lâcher un peu de lest. Une réponse négative débouche hélas sur une nouvelle objection qui reste à traiter !

✓ 3ᵉ réponse : votre client n'en démord pas.

Il vous rétorque que : « *Votre produit est certainement un bon produit. Vous en parlez fort bien. Mais vous n'êtes pas tout seul. C'est bien normal que j'entende vos concurrents présenter leurs propres solutions.* »

Cette fois si ce n'est pas encore totalement perdu, disons que cela ne sent pas très bon ! Quoi qu'il en soit, il faut vous faire à l'idée que vous ne partirez pas avec l'accord de votre interlocuteur. Le Closing est désormais impossible.

Le problème est posé. Que faire dans ce cas ?

La seule issue est d'obtenir un engagement partiel. L'exposé de la technique de l'engagement partiel ne saurait tenir en quelques lignes. Le prochain chapitre de ce livre y sera entièrement consacré et vous apportera la réponse. Je ne puis que vous inviter à le lire.

« *Avez-vous une documentation à me remettre ?* »

Voici une phrase que les prospects semblent s'être transmis de père en fils depuis la nuit des temps, tant la formule est éculée. Elle nous montre ô combien la peur de dire NON habite tout autant nos clients que la peur de s'entendre dire NON hante les commerciaux. Bien décidés à ne pas acheter, ils préfèrent louvoyer et se dissimuler derrière le faux-semblant d'une demande de documentation. Une documentation qui au mieux s'entassera avec d'autres et au pire finira au panier ! Alors, que répondre pour obtenir la vraie objection qui se cache derrière cette sollicitation ? Ici encore l'automatisme règne en maître. Après avoir assuré à votre interlocuteur que vous alliez la lui remettre, demandez-lui : « *Y a-t-il dans cette documentation quelque chose que vous pensez trouver que nous n'aurions pas vu ensemble ?* » Je connais bien peu de clients susceptibles de trouver une réponse autre que d'avouer qu'ils ne sont pas encore décidés. Il vous restera alors à leur demander : « *Qu'est-ce qui vous déciderait ?* » ou « *Qu'aimeriez-vous entendre que je ne vous aurais pas dit ?* »

■■■■■■ « *J'ai pour principe de ne jamais signer la première fois !* »

Cette fois c'est sûr ! La personne avoue, qu'au nom d'un sacro-saint principe, édicté nulle part ailleurs que dans son inconscient, « ces choses-là » doivent se gérer avec méthode, là où il faut, quand il faut, et seulement quand il en éprouvera le besoin ! En bref, nous avons affaire à une réaction de type sphinctérien, difficilement contournable autrement que par une « invitation à se lâcher », développée plus haut[1]. Dans ces circonstances, le discours le plus approprié apparaît être le suivant : « *J'admets vos principes. Ceux-ci ne sont pas discutables. En revanche vous admettrez avec moi qu'une décision, une fois prise, on se sent soulagé...* » Puis ajoutez : « *En vertu d'un autre bon principe, ce qui est fait n'est plus à faire. Pensez-vous sincèrement que cela mérite de s'y attarder ? Allez. Décidez-vous, c'est tellement bon !* »

■■■■■■ « *Je n'aime pas me décider vite* »

Ici, on est à mi-chemin entre la rétention à caractère sphinctérienne dont je parle plus haut et l'hésitation. Dans le premier cas, l'interlocuteur prend son temps tel un enfant sur un pot et... prend plaisir à cela. Dans le second cas, il nous fait part d'une inquiétude diffuse qui le conduit à vouloir réfléchir. Pour lever l'hypothèque, une question est incontournable : « *Dois-je comprendre qu'il y a quelque chose qui vous retient[2] ?* » Alors, de deux choses l'une : soit nous obtenons le fondement de sa réticence, véritable objection qu'il nous faudra comprendre pour y répondre, soit le sujet avance que « *rien ne le*

---

1. *Cf.* p. 122.
2. Le double sens de *retient* en fait, en la circonstance, le mot particulièrement approprié.

retient, *mais que, par principe, il ne se décide jamais la première fois* » et nous avons à faire face à cet ultime blocage sphinctérien que nous venons de traiter.

APPLICATION À VOTRE ENTREPRISE

Exercice individuel : La bonne maîtrise de la conclusion en retour à une objection finale nécessite de se préparer à cette éventualité pour y parer efficacement. Afin de vous familiariser avec cette démarche, portez les réponses possibles aux objections et ultimes barrages sur le tableau ci-après.

**Dans votre métier,
quels ultimes et pseudo-objections ou barrages
rencontrez-vous ? Quelles conclusions formuler en réponse ?**

N°	Ultimes objections	Conclusions possibles

Chapitre 19

LA TECHNIQUE DE L'*ORDALIE*, SÉRUM DE VÉRITÉ COMMERCIALE

> — Pascal, j'ai fait comme tu m'as dit. J'ai demandé en quoi mon âge posait un problème ?
>
> — Et alors ?
>
> — J'ai eu le droit à une réponse évasive, style : « La maturité c'est important ! » Tu vois le genre ?
>
> — Y'en a marre ! Tente une ordalie.
>
> — C'est quoi, ça ?
>
> — Une épreuve de vérité : ça passe ou ça casse !
>
> — Cela me plaît bien ! Vas-y détaille-moi ça.

Quelques compléments en psychologie sont ici nécessaires. Aussi pragmatiques et terre à terre que nous sommes, nous nourrissons tous des espoirs, patchwork de rêves, de prévisions, de croyances, d'attentes et... d'illusions de tous ordres. L'espoir, véritable moteur donnant du sens à la vie de chacun. Ne dit-on pas que l'espoir fait vivre ? Le langage courant ne qualifie-t-il pas de « désespéré » celui qui tente de mettre fin à ses jours ? Sous cet éclairage, on comprend mieux que, pour beaucoup, maintenir coûte que coûte l'espoir au détriment de la réalité, est tout simplement vital...

Le « peut-être » est l'opium du vendeur

Faire le deuil d'un espoir déçu est une opération plus ou moins douloureuse et complexe : reconnaître que cette commande tant attendue vous échappe est un déchirement pour peu que la prime d'objectif de chiffre d'affaires que vous escomptiez vous passe sous le nez. Votre projet de nouvelle cuisine ou le changement de votre petit voilier s'éloigne. Faire l'économie de cette affliction est d'autant plus tentant que le maintien en l'état d'un rêve de réussite vous dynamise, vous euphorise et vous prémunit contre l'agression du désespoir qui guette.

Ne pas voir, retarder le moment de vérité, nourrir des « peut-être », explique la propension de beaucoup de vendeurs à traîner les pieds pour relancer leurs clients. Ils renâclent à l'abandon de leurs rêves et à se soumettre au **principe de réalité**. En ce sens, le « peut-être » est bien l'opium du vendeur.

Le « peut-être », tactique hallucinogène des clients

Dans ce maintien pathétique du « peut-être » vos clients ne sont pas neutres. Ils nourrissent sournoisement vos illusions. Se soumettre au principe de réalité en admettant leur absence d'intérêt pour vos propositions leur ferait perdre *ipso facto* l'attraction qu'ils exercent sur vous. Cette perte d'attrait équivaut à une privation de pouvoir, sanctionnée immédiatement par votre détachement.

Beaucoup parmi eux rechignent à cette épreuve et tergiversent quant à avouer qu'ils ne sont pas acheteurs ou pas intéressés. Les sempiternelles objections faux nez du genre « *Je vais réfléchir* » ou encore « *Je dois en parler à...* » n'ont bien souvent aucune autre raison que de vouloir, au prix de faux-semblants, faire perdurer la séduction exercée et éviter l'immanquable rupture de relation qui s'ensuivra.

▰▰ L'abus de drogue est dangereux ! Son antidote : l'*ordalie*

Aussi douloureux soit-il, le sevrage des substances hallucinogènes est salutaire ! Cette observation vaut aussi bien pour les vendeurs que pour les clients. Revenir sur Terre et mettre fin aux chimériques espérances que véhiculent les entretiens de vente est une impérieuse nécessité pour tous.

La technique ancestrale de l'**ordalie** en fournit le bon moyen. Pratiquée dans des temps très reculés, l'*ordalie* consistait à soumettre à une épreuve, plutôt de nature violente, celui dont on doutait de la véracité des propos ; cela afin de savoir s'il disait vrai. En ce cas, Dieu le sauverait, pensait-on. Ici, l'exercice – nécessairement plus consensuel et conforme aux règles de bienséance que nos sociétés modernes imposent – consiste à faire observer adroitement à votre interlocuteur qu'il ne vous dit pas toute la vérité, qu'il vous fuit ou dissimule son manque d'intérêt pour votre proposition. L'effet attendu est souvent immédiat. Dans la plupart des cas les clients réagissent positivement à de tels propos. Leur réflexe, quasi pavlovien, est de conserver leur force d'attraction, unique source de pouvoir sur ceux qui convoitent leur clientèle. Ce refus de deuil les engage spontanément sur la voie du déni. Ils s'empressent de vous rassurer et de faire valoir leur intérêt pour vos propos ! La méthode est magique, voyons quand et comment la mettre en œuvre.

▰▰ Quand et comment mettre en œuvre l'*ordalie* commerciale ?

L'*ordalie* commerciale est donc une épreuve de vérité destinée à soumettre vendeur et client au **principe de réalité**. Elle peut être mise en œuvre à tout moment de l'entretien, dès que la véracité ou l'intensité du désir d'un client fait naître un doute. Par exemple, au tout début d'un entretien quand un prospect vous fait observer qu'il a consenti à vous recevoir mais qu'il n'a plus de budget pour cette année, ou à la fin de l'échange quand il prétend devoir réfléchir ou encore quand il vous demande de lui faire parvenir une proposition écrite et détaillée, etc.

La mise en œuvre se déroule en trois temps. Dans un premier temps, vous **lancez une accusation-test** visant à mettre en doute l'intérêt que porte votre interlocuteur à vos propositions. Une formule telle que « *Vous me dites cela parce que ce que je propose ne vous convient pas* » ou « *Cela ne semble pas vous intéresser ?* » ou encore « *J'ai le sentiment que vous n'êtes pas acheteur* » fait parfaitement l'affaire.

Le deuxième temps enregistre le **déni**, réaction obligée et immédiate de beaucoup de clients à une telle « accusation » : « *Non pas du tout. Cela m'intéresse beaucoup* », assurent-ils souvent.

Il vous reste alors, troisième temps, à mettre votre vis-à-vis **au pied du mur** par une simple question qui vise à engager votre interlocuteur : « *Alors, puisque cela vous intéresse, voyez-vous comment nous pourrions faire avancer les choses ?* »

Attendez sagement la réponse... Vous obtiendrez soit l'engagement recherché, soit la conviction (principe de réalité) de devoir cesser de perdre votre temps avec ce qu'il est convenu d'appeler « une allumeuse ».

Chapitre 20

LA TACTIQUE DE L'ENGAGEMENT PARTIEL[1]

> *— Allô Pascal ? Ça chauffe dur. J'ai besoin de ton aide.*
>
> *— Si je peux...*
>
> *— J'ai sa réponse. C'est mal barré. Priorité à son exam !*
>
> *— Aïe ! Je crains que ce soit foutu.*
>
> *— Foutu ? Me dis pas ça !*
>
> *— Tu n'as pas d'autre chose à faire que de tenter de sauver les meubles grâce à un engagement partiel. Par exemple lui faire jurer que l'exam réussi, le dîner aux chandelles aura bien lieu.*

Là où nous en sommes, l'obtention d'un accord immédiat est désormais impossible. Votre client ne veut pas ou ne peut pas signer sur-le-champ. Les opérateurs de téléphonie mobile connaissent bien cette impossibilité de conclure. Probablement est-ce la raison pour laquelle ils font si souvent appel à nous pour intervenir auprès de leurs équipes commerciales et les entraîner à conclure. En effet, pour contracter l'ouverture d'une ligne GSM, notre pays soumet les clients à la fourniture de pièces administratives qui leur font souvent défaut. Il est en effet nécessaire de remettre à l'opérateur la

---

1. Approfondissement recommandé : vidéo N° 13 – *Obtenir la décision des indécis récalcitrants (2ᵉ partie)* – Rubrique formation en ligne – www.forventor.fr

photocopie d'une pièce d'identité, d'un RIB, d'un chèque barré et enfin d'un justificatif de domicile ou ce qui en tient lieu, quittance de loyer ou d'électricité. Peu de clients disposent de ces documents quand ils se décident à rejoindre les deux milliards d'hommes et de femmes qui font sonner jour et nuit notre planète dans l'univers céleste !

Le recours à l'engagement partiel fait solution à cette ubuesque situation. En effet, proposer au futur acquéreur de revenir dûment muni des documents fait courir le risque de ne jamais le revoir. Un changement d'avis ou la préconisation différente d'un ami, et voilà la vente perdue. La technique de l'engagement partiel consiste justement à engager suffisamment votre prospect pour qu'il se sente psychologiquement lié sans avoir encore donné un accord définitif et contractuel. Dans notre exemple, le bon réflexe est de solliciter l'interlocuteur pour qu'il consente, à défaut de pouvoir remettre toutes les pièces demandées, à remplir le dossier, à y joindre les documents dont il dispose (par exemple un chèque barré), à prendre un rendez-vous ferme et précis pour le lendemain, à consentir à ce que le produit convoité soit mis en réserve et que sa carte de visite y soit jointe, etc.

À dire vrai, une vente est comme une aussière, ce cordage qui amarre un navire au quai. Elle est faite d'une multitude de petits liens qui, pris individuellement, sont sans résistance et se rompent avec deux doigts. Mais tressés par centaines, ils ont la capacité à retenir à quai un paquebot de plusieurs milliers de tonnes. Les engagements partiels ont la même vertu. Ce sont toutes ces petites promesses, assurances et autres serments ou simples informations de date ou de toute autre chose qui psychologiquement tissent la toile de la vente.

Ici, la conclusion ne porte pas sur la commande mais sur une étape obligée ou préalable à la commande. Le commercial sollicite l'accord de son vis-à-vis pour ouvrir un compte, faire une étude, réunir les données pour qu'un devis lui soit fait ou encore régler les frais d'une étude qui seront déductibles en cas de commande ultérieure, etc. L'objectif est d'entraîner le prospect dans un processus d'accord et de passage à l'acte.

La méthode est très proche, dans son esprit, de la proposition-test. Comme celle-ci, l'engagement partiel présente l'avantage de soumettre nos clients au principe de réalité (nous sommes là pour signer et non pour jouer). De cette manière, on l'habitue à l'idée de devoir signer. À l'image d'un bain dans une piscine dont l'eau est trop fraîche pour s'y jeter d'un coup, nous le « mouillons » par touches successives afin d'éviter un choc thermique préjudiciable... au succès de notre vente.

De même, à l'instar de la proposition-test, solliciter un client pour qu'il s'engage à faire ou à régler telle ou telle chose sonde sa réaction et nous permet de faire le point sur le bien-fondé de nos espoirs.

En revanche, à la différence d'une proposition-test, qui se pose comme une hypothèse d'école, l'engagement est bien réel et non théorique. Il y a début d'exécution. En outre, la proposition-test est une technique qui s'emploie comme mode de conclusion, alors que l'engagement partiel est un sauve-qui-peut, quand la conclusion est impossible ou trop difficile à obtenir dans l'immédiat.

APPLICATION À VOTRE ENTREPRISE

Quels engagements partiels pourriez-vous formuler le cas échéant dans votre métier ? Un jour, ces sauve-qui-peut vous seront certainement d'un précieux secours. Afin de les mémoriser et les conserver, portez-les sur le tableau ci-après.

**Dans votre métier,
quels engagements partiels pouvez-vous demander
et obtenir de vos clients ?**

| |
| |
| |
| |
| |
| |
| |
| |

Chapitre 21

CONCLURE FACE À PLUSIEURS DÉCIDEURS

> – « Moi, je serais bien d'accord… mais il faut que tu en parles à mes parents, à mes frères et à mes sœurs », *Voilà le genre de réponse qui m'est faite. Que veux-tu que je fasse ?*
>
> – *Aïe ! Ils sont plusieurs à décider. Ça se complique ton affaire. Ne lâche pas ! Écoute, le mieux dans ce cas c'est de les réunir pour obtenir une décision collective.*

Un ingénieur commercial *en information sur les technologies et les logiciels* sous la forme d'abonnement, m'a confié avoir connu le plus grand mal à convaincre les interlocuteurs d'une grande société aéronautique française. Celle-ci était constituée de cinq divisions. Chacune des divisions était flanquée d'un service informatique avec, à sa tête, un directeur. Par le passé, ces divisions s'étaient entendues entre elles pour souscrire un abonnement auprès d'une société de conseil informatique concurrente. Cet ingénieur commercial, bien décidé à obtenir la clientèle de cette prestigieuse société, était allé frapper à la porte du premier directeur informatique de la première division. Après une longue négociation, il obtint l'accord de son prospect, sous réserve de l'accord des quatre autres… Il entreprit donc la même démarche auprès du directeur de la deuxième division. Il obtint le même succès, sous réserve de l'accord des quatre autres. Les accords verbaux des cinq responsables de division obtenus, il revint voir le premier pour conclure... Il constata très rapidement qu'il n'était pas plus avancé. Lui faisait défaut l'accord d'un sixième, ultime et important personnage, le *groupe de décideurs*. Cette personne morale, inconsistante et pourtant si puissante, constituée des cinq directeurs dont il entraîna la décision favorable en les réunissant. Il avait découvert ce qu'était un spectre de décision.

Nos interlocuteurs sont rarement isolés. Chercher à savoir qui partage avec eux la décision, c'est poser le problème du spectre. Qui participe à la décision ? Quel est le poids relatif de chacun ? En quoi diffèrent leurs attentes ? Ces problèmes se posent aussi bien chez les particuliers, au sein de leur famille, que dans les entreprises ou les administrations. Un *spectre de décision* est un groupe, souvent informel, de décideurs. Il est fait de luttes d'influence ; il est traversé de courants contraires et d'intensités variables ; il est également subjectif et souvent indécis. En bref, il est une personne morale qui diffère de la simple somme de ses membres. Une personne morale qui peut finir par décider dans un sens contraire à la majorité de ses membres. C'est pourquoi il faut commencer par cerner parfaitement ce spectre de décision.

Par exemple, pour l'achat d'une voiture, le chef de famille fait un choix en termes techniques (performances, consommation) et fixe le budget. L'épouse (conformément à la légende) intervient, elle, plutôt au niveau de la couleur. Les enfants jouent un rôle global de préconisateurs (particulièrement repérable dans la vente de monospace).

En milieu industriel, le spectre est souvent plus complexe. Derrière une organisation faciale qui semble répartir clairement les domaines sur lesquels chacun a autorité, se dissimulent des luttes complexes où la personnalité de certains les conduit à peser davantage sur les décisions qu'il n'y paraît de prime abord. Par exemple, s'agissant d'un projet, celui-ci a souvent un initiateur. Disons que c'est l'homme ou le service qui a eu l'idée du projet. Ce n'est pas forcément le bénéficiaire. Ce dernier est l'utilisateur qui intervient en amont comme en aval pour donner son avis et valider les différentes étapes au regard de l'emploi qu'il compte en faire. La direction générale, sans laquelle aucun projet d'importance ne saurait aboutir, ni budget doté, intervient en fonction de l'importance du budget et du poids stratégique du projet pour l'entreprise ainsi qu'en raison de son caractère plus ou moins exceptionnel et imprévu. Le chef de projet, quant à lui, a en charge la conduite et le suivi du projet. Consulter et coordonner les différents intervenants, planifier la réalisation du projet, contrôler son avancement, résument sa mission. L'acheteur intervient dans les négociations d'achats. Le spectre peut s'enrichir enfin d'un conseil extérieur... qui donne son avis !

Analyser ce spectre, étudier ses rapports, c'est aussi percevoir l'influence que chacun peut, en dehors de l'organigramme, exercer sur les autres. Existe-t-il un leader ? Quelle pression exerce-t-il sur le groupe ? Peut-il infléchir sa décision ? Quel est l'enjeu personnel pour chacun du projet ? Etc. En bref, autant de questions qui méritent une réponse motivée pour traiter et convaincre un spectre de décideurs.

Comment pratiquer pour obtenir la décision favorable d'un spectre de décideurs ?

Tout d'abord, le mieux est d'en faire le tour et de considérer chaque participant au spectre de décision comme l'unique décideur. Cela lui confère une importance dont on vous saura gré. En outre votre entretien ne sera pas pollué par l'impossibilité de conclure un accord définitif. En fin d'entretien obtenez une décision de principe, sous réserve de l'accord des autres membres. Des formules telles que : « *Êtes-vous favorable au projet ou voyez-vous une objection ou un obstacle que nous n'ayons pas évoqué ?* » Bien évidemment vous veillerez à lever toutes les objections afin d'éviter que le moment venu, en réunion, elles ne sortent et ne ruinent vos espoirs de conclusion.

Ce spectre, une fois cerné et individuellement convaincu, réunissez-le. Vous limiterez significativement sa marge de manœuvre. Ses membres cesseront de jouer avec vous comme l'on joue avec une balle de ping-pong. Un spectre est une sorte de ramifications pluridisciplinaires où se mélangent psychologie, pouvoir et hiérarchie, fonction et responsabilité, pouvoir et contre-pouvoir, dont le propre est de décider et d'imposer sa décision aux individus qui le composent. Un groupe est comme un corps sans tête. En sachant l'animer, donner la parole à chacun, réduire les différences entre les différents participants, montrer à tous les bénéfices à retirer, conduire le débat vers la solution préconisée, on emporte sans grande difficulté son accord. Un groupe est fort pour étudier, discuter, contredire, mais est faible pour décider, choisir, arrêter. C'est pourquoi il est plutôt aisé d'obtenir la décision à chaud. La tentative de conclusion vous appartient. Si vous laissez le spectre sortir de réunion sans avoir préalablement décidé, il y a gros à parier que tout sera à refaire. Et cette fois, c'est le troupeau tout entier qui fera route vers l'autre bout du champ. Chaque participant se « réindividualisera » et vaquera à ses propres occupations ! Et votre dossier de s'enliser. Pour l'éviter, la solution est de proposer un tour de table. Vous vous tournerez alors vers le premier participant et avancerez une formule de conclusion directe telle que : « *Bien, pour conclure, voyez-vous une objection, Madame, à ce que...* » Il est rare qu'un projet bien monté, parvenu à ce stade, rencontre des objections majeures.

En résumé, pour obtenir une décision favorable d'un spectre complexe de décisions, il vous faut :

1. Identifier ses membres, saisir les rapports de force et convaincre individuellement chacun d'eux.

2. Faire en sorte qu'ils tiennent réunion sur votre projet en prenant garde de n'oublier aucun de ses membres.

3. Exposer les problèmes et conduire le débat vers votre solution.

4. Faire en sorte que chacun s'exprime.

5. Tenter à tout prix d'obtenir une décision de principe à chaud, par un tour de table. Les détails administratifs seront réglés avec le chef de projet ou l'intendance.

L'accord obtenu ou non, il va falloir gérer notre sortie. Dans les deux cas, un certain nombre de procédures sont à respecter. Elles feront l'objet de notre dernier chapitre.

Chapitre 22

GÉREZ EFFICACEMENT VOTRE SORTIE[1]

    "

— Tu sais, je voulais te dire, ce moment passé tous les deux, les volets clos, sera vraiment inoubliable pour moi...

— Ouais.

— Tu sais, je me demandais si tu allais finir par faire ta proposition.

— Ah ouais.

— Enfin, de mon côté, je n'avais pas compris ce que t'appelais dîner aux chandelles...

— Ah bon ?

— Note que j'aime bien ta conception des chandelles...

— Ouais.

— T'es toujours aussi peu loquace, après... ?

— Bof !

— Dis donc ton coach, pour séduire, c'est bien Pascal Py ? Il ne t'a pas appris que : « Post coïtum, animal tristum est » ?

— Quoi ?

---

1. J'emprunte ce chapitre à mon livre *Faire accepter son prix à ses clients*, en reprenant les principaux passages. Les procédures de Closing sont en effet fort peu différentes de celles de la conclusion d'un accord sur le prix et les conditions.

> *— Tu diras à ton docteur en amour, qu'après avoir obtenu les faveurs d'un client, il faut savoir être câlin et lui faire des bisous.*
>
> *— Zut j'ai oublié ! Il me l'avait dit. Il appelle ça : « Gérer sa sortie. »*

Quand la fête est finie, il faut savoir prendre congé et préparer la chute. C'est l'ultime souvenir que vos interlocuteurs auront. Cela est aussi vrai pour une pièce de théâtre que pour une compétition de tennis, pour un feu d'artifice que pour une soirée réussie entre amis. Une vente n'en est pas exempte.

Deux cas de figure peuvent se présenter. L'accord est acquis et vient d'être validé par votre client. Le problème se pose de savoir comment le quitter. *A contrario*, il est possible d'avoir à connaître les affres du blocage. En fait d'accord, c'est un désaccord qu'il va vous falloir gérer.

Qu'il y ait blocage ou que l'objectif espéré soit atteint, il vous reste à gérer au mieux votre sortie. Gérer leur sortie, n'est-ce pas là l'ultime préoccupation des grands hommes d'État ? Les commerciaux peuvent s'en inspirer. Alors comment faire ? Deux cas se présentent : blocage ou objectifs atteints, avons-nous dit. À chacun de ces cas, une approche spécifique. Étudions-les.

Sortir, l'accord en poche

La commande en poche, ne vous sauvez pas comme un voleur.

« Réconciliez-vous » avec votre client. Une négociation, faite de contreparties obtenues quelquefois à l'arraché, a pu susciter des blessures d'amour-propre, dont les plaies resteront longtemps béantes. Au mieux, les cicatrices en formeront les stigmates, qui ressortiront à l'occasion d'une nouvelle négociation.

Persuadez votre interlocuteur qu'il a fait le bon choix. Comment ? En le rassurant et en le lui disant simplement. L'emploi d'un ultime argument, sagement gardé en réserve, sera souvent le bienvenu.

Vous lui donnerez ainsi une raison supplémentaire après la signature de lui confirmer le bien-fondé de son choix. Sachez par ailleurs le complimenter. Entraînez-vous à dire : « *Je suis heureux de vous compter parmi mes clients.* » Et si Paris vaut bien une messe, cette négociation réussie vaut bien un compliment, non ? Mais le compliment n'y suffira pas. Ne soyez pas triomphant. Montrez-vous simplement heureux d'avoir abouti. Remerciez votre acheteur pour sa commande et sa confiance. La chose est d'importance. Au-delà des règles élémentaires de convivialité, le remerciement est la reconnaissance d'un partenariat, d'une réciprocité, d'une dépendance réciproque.

La fidélisation passe par l'établissement d'une relation autre que celle strictement nécessaire à la seule prise de commande. Les négociations difficiles mettent à mal le tissu relationnel. Rien d'étonnant dès lors qu'il nous faille montrer à notre acheteur quel va être désormais notre rôle, maintenant que nous lui avons vendu. De quelle utilité allons-nous être pour lui ? Quels avantages va-t-il retirer, à l'avenir, d'une relation commerciale avec nous ? Là, c'est une façon de montrer que notre relation avec lui n'est pas éphémère et fondée sur le seul intérêt de la vente. C'est le moment de lui rappeler que c'est bien plutôt une relation à long terme, un partenariat, fait d'échanges d'informations et d'aides. Allons-nous venir le voir pour l'informer, le former, mettre en place les matériels que nous venons de lui vendre ? Allons-nous assurer le service après-vente élémentaire ? Sommes-nous là pour régler tous ses éventuels problèmes, l'aiguiller dans l'entreprise ? Viendrons-nous lui présenter nos nouveaux produits, nos nouvelles documentations ? Bref, annoncez-lui qu'il vous reverra très bientôt et quelles en seront les raisons. Fixez une date si vous le pouvez. Vous ferez ainsi d'une pierre deux coups. D'une part, ce qui est fait n'étant plus à faire, votre rendez-vous sera d'ores et déjà pris. D'autre part, l'intérêt c'est comme le lait sur le feu... il finit toujours par retomber le feu éteint. Prendre date tout de suite, c'est anticiper le risque à venir d'une moindre disposition de l'interlocuteur à vous recevoir. En ce sens, une très prochaine visite après la vente, au moment de la livraison ou dans les temps immédiats qui suivent la livraison, est souvent très appréciée. Évitez le travers de nombreux commerciaux travaillant dans les concessions automobiles. L'acte de vente dûment signé, ils deviennent plus distants. À peine présents le jour de la livraison du véhicule, ils s'en remettent à l'après-vente pour les suivre et s'attachent à les oublier jusqu'au renouvellement.

Pensez à parler de l'avenir. Parler de l'avenir c'est faire savoir à votre interlocuteur qu'il peut désormais compter sur vous, en toutes circonstances. Lui dire cela, c'est avancer vers une relation supérieure. Relation fidèle, dans laquelle le vendeur est un conseiller et un ami sur lequel on peut justement compter. Préparer l'avenir c'est aussi l'envisager ensemble. Tout au bonheur de sa prise de commande, le vendeur quelquefois en oublie l'étude des éventuelles opportunités qui se profilent à l'horizon. Donnez-vous la peine de questionner le signataire de l'ordre que vous avez en mains sur ses autres besoins, ses projets, ses attentes et autres espoirs. Balayez avec lui les domaines d'investissements auxquels il songe à court, moyen et long terme. Le délai pour vendre est fréquemment long. La maturation d'un besoin pour se transformer en commande nécessite le passage par de nombreuses étapes. Mettez à profit ce moment privilégié pour initialiser.

Enfin, prenez l'habitude de demander à vos clients des recommandations. Cette idée peut vous paraître saugrenue. Elle est pourtant redoutablement efficace. Rares, très rares sont en effet les clients qui à cet instant de l'entretien de vente refusent de vous aider à convaincre au moins un de leurs amis ou connaissances. Au demeurant cela s'explique. Il est peu probable qu'un prospect passe à l'acte d'achat sans être préalablement convaincu du bien-fondé de son investissement. Comme pour se rassurer et se renforcer dans sa conviction, il est bien rare qu'il ne s'exécute en vous confiant quelques noms de personnes susceptibles de porter intérêt à vos solutions ou produits, et que vous allez pouvoir approcher de sa part. Quelques jours plus tard, si grande soit sa satisfaction il n'en fera plus rien.

L'objet ou le service acquis aura pris en lui ou chez lui la juste place qui lui est normalement dévolue et... les recommandations deviendront plus difficiles à obtenir. Si vous en doutez, je ne puis que vous engager à tenter quelques essais. Bonne surprise garantie.

Dans le but d'éviter d'être pris de court face à vos clients, prenez la peine de définir ce qu'est votre rôle une fois l'accord de ceux-ci obtenu. Pour ce faire, vous pouvez utiliser le tableau ci-après.

**Dans votre métier,
comment définir votre rôle après la vente ?**

N°	Mes différents rôles après–vente à présenter aux clients

Gérez votre sortie en cas de blocage

Le propre de l'entretien de vente est de rechercher un accord. Puisque c'est d'un accord dont il s'agit, le risque d'un non–aboutissement lui est inexorablement attaché. C'est dire que le blocage est une chose naturelle. Le commercial doit gérer cette difficulté et en tirer le meilleur profit.

Le désaccord étant naturel, il faut l'accepter comme tel. Le tort serait d'y voir une fin définitive de non–recevoir, une sorte de camouflet, dont l'insupportable outrage entamerait notre capital narcissique ou encore la perte d'un client ou même de la commande convoitée. Le blocage est quelquefois l'ultime moyen de pression, pourrions-nous dire. Notre rôle est de proposer, et à nos clients revient celui de disposer. Alors soyons positifs et prenons la chose avec flegme. Acceptons-la comme telle, mais ne renonçons pas ! « Quand y'en a plus, y'en a encore », nous assure la publicité. C'est tout aussi vrai pour nos chances d'obtenir une décision favorable. Deux ultimes tentatives nous sont encore offertes :

1. Mettre notre interlocuteur en position d'argumenter à notre place.

2. En prenant congé, transférer la charge de nos regrets.

Conduire nos prospects à devoir argumenter à notre place

Un agent d'assurances est venu un soir nous inviter, mon épouse et moi, à profiter des offres avantageuses offertes par la panoplie des produits financiers de sa compagnie. Quel plaisir d'être opéré par un grand vendeur ! Analyse du besoin, reformulation, validation, suggestion de solutions possibles et avantageuses, déclinaison des caractéristiques de chaque placement en avantages et bénéfices pour nous, réponses à nos objections et enfin tentative de conclusion. Tout y était. Un authentique métronome de la vente. Hélas pour lui, la fourmi que je suis vend plus facilement qu'elle ne se décide à acheter. De refus en refus, de « *Il faut que je réfléchisse* », en « *Je ne peux pas faire cela à mon banquier* », ses arguments s'épuisèrent au point qu'il fit mine de prendre congé. C'était mal connaître ce vieux briscard de la vente. En se levant pour enfiler son manteau il me dit, conjuguant au passé pour mieux faire observer qu'il avait renoncé au projet de me convaincre : « *Qu'auriez-vous aimé entendre de ma part, qui vous séduise davantage en matière de placements ?* » Bien joué ! Me voilà en train de lui développer quelques ultimes préoccupations, que notre entretien n'avait pas encore mises au jour, aussi bien que d'évoquer quelques produits imaginaires de nature à répondre plus parfaitement à mon besoin. Et le voilà à nouveau en selle améliorant ici et là son offre en l'adaptant aux dernières informations reçues.

Cette anecdote nous dispense de tout autre commentaire. Je ne puis que vous conseiller de tester par vous-même, à l'occasion d'un tout prochain entretien, la formule « *Qu'auriez-vous aimé entendre de ma part, qui vous séduise davantage que je n'ai su le faire ?* >> (en veillant à utiliser une formulation passée pour laisser entendre que vous avez renoncé à vendre quoi que ce soit...). Cette formule fait merveille. La plupart de vos interlocuteurs développeront des arguments qui vous offriront une ultime opportunité de les ébranler et peut-être... d'obtenir leur revirement !

En prenant congé, transférez la charge de vos regrets

En prenant congé, mon agent d'assurances me donna une nouvelle démonstration de sa maîtrise des techniques de Closing. Pendant que je le raccompagnais à l'ascenseur il me dit, empruntant pour la circonstance l'air dépité du médecin qui n'est pas parvenu à ramener à la vie un blessé de la circulation après une heure de massage cardiaque : « *Au revoir Monsieur Py. Vous savez, je m'en veux un petit peu... – De quoi donc ?* lui dis-je. – *Je n'ai pas su vous convaincre que c'était pour vous et votre épouse une formidable opportunité* >>, me répondit-il. Puis il attendit avec moi l'ascenseur en respectant un silence absolu. En refermant la porte je n'ai pu m'empêcher de ressentir que j'avais peut-être manqué là une belle occasion. Cette idée me poursuivit quelques jours. Tant et si bien que j'ai fini par le rappeler pour lui demander de repasser me voir. *No comment !*

Partie 4

Quelques techniques et astuces complémentaires pour mener à bien vos entretiens de vente

La bonne maîtrise des relations interpersonnelles est l'une des clefs de la réussite en matière de vente aussi bien que dans la vie sociale. Une revue d'ensemble des savoir-faire et savoir être nécessaires à l'amélioration de nos relations avec nos clients serait hors du propos de ce livre. En revanche, deux aspects, propres au Closing, vont retenir notre attention dans la dernière partie de ce livre.

Le premier aspect vise à apporter des solutions réflexes aux problèmes que posent les aléas de toutes relations commerciales. Au même titre que recevoir quelque chose d'autrui suscite un remerciement mécanique, les commerciaux doivent acquérir l'automatisme des bons mots qui interpellent, font vendre et permettent de rebondir efficacement dans les situations de vente complexes.

Le second aspect porte sur la bonne posture à adopter. Se montrer engageant et déterminé à convaincre son interlocuteur est ce que j'appelle la Closing attitude, véritable clef du succès dans la vente.

Chapitre 23

LES BONS MOTS ET PHRASES RÉFLEXES QUI FONT VENDRE

> *— Qu'est-ce que j'aurais dû faire pour éviter sa réaction ?*
>
> *— Lui demander : « Qu'est-ce qui te fait réagir comme cela ? »*
>
> *— Et alors ?*
>
> *— Alors tu aurais su ce qui déplaisait et tu aurais pu agir.*
>
> *— T'es bien gentil, mais quand tu te prends ça en pleine figure, au moment où tu traverses les Champs au milieu des bagnoles, tu ne sais ni quoi dire ni quoi faire !*
>
> *— Nous sommes bien d'accord, c'est pourquoi il faut disposer de phrases et mots réflexes, afin de trouver la parade en toutes circonstances, quand tu es paumé ou ému. Je vais t'en parler. Tu vas voir, c'est très intéressant.*

Quand deux joueurs de tennis s'affrontent au plus haut niveau, ni l'un ni l'autre ne réfléchissent quant à savoir s'ils doivent prendre position en fond de court lorsque leur adversaire se met au service, ou s'interrogent sur l'intérêt de frapper à droite quand leur adversaire se trouve déporté sur le côté opposé. Ce genre de réflexion n'est utile qu'avant le match, ou après, et certainement pas pendant. Une fois sur le court, il faut frapper la balle le mieux possible. Ce chapitre est conçu pour vous aider à frapper la balle sans vous poser de questions !

Tout ce que nous venons de voir ensemble constitue le précieux fil d'Ariane qui vous guidera désormais pour mener à bien vos entretiens.

À l'image d'une autoroute qui propose des glissières de sécurité pour nous éviter de rouler à contresens, des bandes d'arrêt d'urgence pour la sécurité en cas de panne, une signalisation des voies offrant des vitesses différentes, des aires de repos, etc., nos entretiens sont balisés. Nous savons qu'en matière d'entretien, le succès passe impérativement par l'enchaînement d'une suite logique :

1. la nécessité de comprendre le besoin de l'interlocuteur ;

2. lui faire admettre celui-ci ;

3. l'engager sur l'idée de satisfaire ce besoin, pour alors ;

4. lui présenter les bénéfices de la solution que nous souhaitons lui faire adopter avant de tenter, toutes objections levées, d'avancer ;

5. la formule de conclusion que les circonstances imposent.

Mais il en va des entretiens de vente comme des déplacements sur autoroute un jour de départ en vacances. Glissières de sécurité et bandes latérales n'empêchent pas un chauffard de faire un tête-à-queue ou un inconscient de faire une petite pause sur la bande d'arrêt d'urgence. Dans ces moments-là, seuls de bons réflexes sont efficients pour éviter l'accident. C'est ainsi qu'à chaque stade de l'entretien il faut acquérir les phrases et mots réflexes qui nous conduiront au succès dans les moments les plus difficiles.

Les phrases de début d'entretien qui font prendre un bon départ

Prenez un bon départ ! Commencez par motiver votre interlocuteur. Dans mon livre, *Conquérir de nouveaux clients*, je développe toutes les techniques pour optimiser cette prise de contact. M'appuyant sur des tests scientifiques, j'expose les effets psychologiques que peuvent avoir le toucher furtif du bras de son interlocuteur et le « *Comment allez-vous ?* » sur la décision ultérieure d'achat du prospect qui nous reçoit[1]. Afin d'éviter d'être redondant, ici je me limite à rappeler qu'en début d'entretien, il nous faut renoncer aux attitudes

---

1. *Op. cit.*, p. 147 et suivantes.

du vendeur à la sauvette qui propose ses produits sous le manteau comme s'il n'avait rien à vendre ou peu fier d'avoir à le faire. Les expressions, « *Je viens juste pour une première prise de contact* », ou encore « *Je viens parce que cela fait longtemps que nous ne nous sommes pas vus* », sont à bannir. Elles reviennent à commencer votre échange par une tricherie qui éveille immanquablement les soupçons du client. Notre métier est noble et incontournable. Les clients en mal de conseils dans un magasin demandent un vendeur et non pas un conseiller ! N'hésitez pas à annoncer l'objectif de votre contact : convaincre votre interlocuteur d'adopter vos produits, systèmes ou solutions. Si c'est ce que vous voulez, alors pourquoi ne pas le lui dire ? Vous donnerez ainsi le change d'entrée de jeu, et vous situerez d'emblée la rencontre dans sa dimension énergétique client/vendeur (un peu comme dans un club de rencontres où il est légitime de dire « *Je suis venu pour ça !* »). Alors, entraînez-vous à dire :

- « *Je suis venu vous voir dans l'espoir de vous convaincre d'adopter nos produits...* »
- « *Je me dois de vous faire une confidence. Cela fait longtemps que je désire obtenir de votre entreprise qu'elle nous confie le soin de...* »
- « *Je voudrais vous faire apprécier les nombreux services que ma société peut vous rendre, à vous et à votre famille.* »
- ou enfin « *La clientèle de votre entreprise est un enjeu important pour la mienne. Je suis venu tenter de vous convaincre de l'intérêt réciproque de travailler ensemble* », puis ajoutez avec un grand sourire : « *Me permettez-vous d'essayer ?* » Je connais peu d'interlocuteurs qui n'y adhèrent pas.

À tous ceux qui éprouvent quelques répugnances ou de la timidité à l'emploi de telles formules, je rappelle qu'il n'y a aucune honte à faire carrière dans la comptabilité ou les ressources humaines...

10 bonnes questions pour connaître et faire reconnaître le besoin

Questionner vise non seulement à découvrir le besoin mais à le faire s'exprimer. Parmi les 7 règles d'or développées dans *Conquérir de nouveaux clients*, c'est la fameuse *règle n° 1*, dite de l'expression, évoquée plus haut et qui s'énonce ainsi : « *Seul ce qui est claire-ment exprimé par quelqu'un a valeur d'engagement à ses yeux.* »

Voici **dix questions réflexes** qui peuvent ou doivent être posées afin de conduire vos interlocuteurs à exprimer leurs besoins et à les reconnaître. Certaines, parmi elles, sont incontournables :

1. « *Afin de vous comprendre, m'autorisez-vous à vous poser quelques questions ?* » (Vous obtiendrez ainsi le droit d'opérer, celui de conduire l'entretien et vous vous obligerez à poser ces satanées questions qui forment le préalable indispensable à une bonne acceptation du besoin et à l'argumentation adéquate[1].)

2. « *Dans votre organisation actuelle,* (à propos des solutions que vous souhaitez vendre) *qu'aimeriez-vous améliorer ou revoir ?* » (Vous mettrez ainsi la main sur un problème ou une difficulté que vos produits ou solutions pourraient contribuer à régler.)

3. « *Qu'est-ce qui vous a conduit à accepter de me recevoir ?* » ou « *Qu'est-ce qui vous a conduit à venir nous voir ?* » ou « *... à retourner un coupon-réponse ?* ». (Vous mettrez au jour les buts visés et le système motivationnel, autrement dit les attentes et préoccupations profondes.)

4. « *Qu'est-ce qui vous a conduit à faire tel choix ?* » (Vous mettrez au jour les buts visés et le système motivationnel, autrement dit les attentes et préoccupations profondes.)

5. « *Actuellement vous travaillez avec X, qu'est-ce qui vous a conduit à choisir X ? Et qu'est-ce qui pourrait vous amener à changer ?* » (Met au jour les objections et réticences de l'interlocuteur et dévoile l'argument qu'il attend.)

6. « *Par rapport aux problèmes que vous évoquez, que comptez-vous faire ?* » (Recherche les buts de l'interlocuteur et l'oblige à passer du rêve à une réflexion sur l'action, antichambre de l'acte d'achat.)

7. « *Quelles sont vos grandes priorités actuelles ?* » (Dévoile les buts visés et le système motivationnel.)

---

1. Sur l'importance de la maîtrise de la relation client, cf. *Méthodes et astuces pour manager ses clients*, Paris, Éditions d'Organisation, 2001.

8. *« Si vous aviez à vous décider à propos de ce dont nous parlons, quelles exigences particulières auriez-vous à exprimer ? Pourquoi cela ? »* (Dégage les attentes, préoccupations et critères de décision.)

9. *« Chez nous, vous nous faites confiance sur telle famille de produits, que demanderiez-vous pour donner votre confiance sur d'autres familles ? »* (Question générique conduisant l'interlocuteur à s'interroger sur ses buts, ses motivations et critères de décision.)

10. *« Quel serait le produit (ou la solution) idéal(e) pour vous ? Pourquoi cela ? »* (Ici, c'est tout l'art de la vente qui est réuni en une seule question : dis-moi ce que tu veux entendre afin que je puisse te décrire ma solution.)

Au risque de démystifier tout le chemin initiatique que nous venons de parcourir ensemble, voici un exemple concernant un demandeur d'emploi :

> *– Je vais me présenter à vous. Au préalable une question me brûle les lèvres : vous rencontrez beaucoup de candidats, comment voyez-vous le candidat idéal pour ce poste ?*
> – (Réponse du futur employeur) *Idéalement j'aimerais qu'il soit comme ci et comme ça...*
> *– Au fond ce que vous souhaitez c'est qu'il soit ceci et cela, n'est-ce pas ?* (Closing sur le besoin.) *Si vous trouviez quelqu'un qui a ces qualités et ce profil vous seriez prêt à l'employer ?* (Closing sur le passage à l'acte.)
> *– Bien sûr, puisque je le recherche !*
> *– Alors, je crois que je corresponds bien à vos souhaits. Je vous en laisse juge. Je vous propose de me présenter plus complètement et vous me direz ce que vous en pensez.* (Suit la présentation du CV en stricte conformité avec ce qui vient d'être entendu.)

Hardi, pensez-vous ! En vérité je ne le crois pas. À tous ceux qui ne se sentent pas capables de pratiquer ainsi, je ne puis que leur conseiller de prendre contact avec moi. Je leur promets de les aider. Le succès dans la vente ne sourit qu'à ceux qui osent. Il existe des solutions pour les aider à surmonter leur manque d'audace.

Quelques tournures pour reformuler avec élégance

S'il est une étiquette qu'il nous faut éviter de porter c'est bien celle que nous nous collons sur le front par l'usage de reformulations (Closing sur le besoin) qui commencent sempiternellement par ce banal et rebattu : « *Si je vous ai bien compris...* » Comment être crédible avec une telle formule usée jusqu'à la corde ? En voici quelques autres qui renouvelleront utilement le stock de vos reformulations :

- *« Au fond, ce que vous désirez, c'est... »*
- *« Dites-moi si je me trompe. Vous recherchez... »*
- *« En somme, vous souhaitez... »*
- *« En résumé, vous aimeriez... »*
- *« Au final, ce que vous dites, c'est... »*
- *« Ce que je ressens, c'est que vous désirez un... »*
- *« Je sais ce que vous recherchez. Dites-moi c'est bien... »*
- *« Idéalement ce qu'il vous faudrait, c'est bien... »*
- *« En bref, ce qui guide vos pas, c'est de dire si j'avais... »*

Les formules ne manquent pas. Alors servez-vous-en. Prenez l'habitude de ne pas utiliser la même. Vous mettrez ainsi plus de spontanéité dans votre reformulation. Gageons que vos propos gagneront en authenticité et partant en efficacité.

Les bonnes formules pour un Closing besoin engageant

Le moins que l'on puisse dire, c'est que les commerciaux n'abusent pas des expressions encourageant leurs interlocuteurs à s'engager sur leur besoin. Il est vrai que cette technique du Closing sur le passage à l'acte est récente et encore peu connue. Il est pourtant tellement plus aisé de vendre un besoin qu'un produit. Je crois utile de développer ci-après quelques tournures qui y contribuent efficacement. Beaucoup d'entre elles intègrent la reformulation du besoin. Cette façon de pratiquer est plus légère et permet d'engager tout à la fois nos clients sur leur besoin et sur l'idée de le satisfaire. En procédant de cette manière vous ferez d'une seule pierre deux coups.

- « *En bref, vous êtes prêt à vous décider, sous réserve que...* (suit la reformulation). *C'est bien cela ?* »
- « *En résumé, vous souhaitez acquérir un matériel qui...* (suit la reformulation). *C'est bien cela ?* »
- « *J'ai une bonne solution à votre problème. Souhaitez-vous que nous en parlions ?* »
- « *Une formule qui...* (suit la reformulation), *est-ce que cela vous irait ?* »
- « *J'ai ce qu'il vous faut. Une solution qui...* (fait ceci et cela), *ça vous irait ?* »
- « *Il existe une solution toute simple qui répond parfaitement à votre besoin. Souhaitez-vous que nous la regardions en détail ?* »
- « *Seriez-vous intéressé par un produit qui...* (suit la reformulation) *?* »
- « *Au fond ce que vous attendez de nous* (ou moi) *c'est que nous mettions en place une solution qui vous permette de...* (suit la reformulation). *C'est bien cela ?* »

Toutes ces formules – à la différence des précédentes qui n'engageaient l'interlocuteur que sur son besoin – sollicitent la promesse de passer à l'acte et une demande de feu vert pour passer à la présentation du produit ou de la solution au problème du client.

Comment énoncer votre Closing sur le bénéfice produit

Un petit effort supplémentaire et vous vendrez davantage. Les formules de Closing sur le *bénéfice produit* sont aisées à prononcer et conduisent nos interlocuteurs à s'engager un peu plus à donner leur accord. Alors n'hésitez plus, demandez, après chaque énoncé de bénéfice :

- « *Qu'en pensez-vous ?* »
- « *C'est bien, n'est-ce pas ?* »
- « *Est-ce que cela vous va ?* »
- « *Trouvez-vous cela intéressant ?* »
- « *Alors, votre verdict concernant ce produit ?* »
- « *Cela semble-t-il conforme à vos attentes ?* »
- « *Partagez-vous mon point de vue ?* »

- « *Je suis convaincu que c'est ce qu'il vous faut. Qu'en dites-vous ?* »
- « *Ainsi, ce que vous attendez sera au rendez-vous. Qu'en pensez-vous ?* »
- « *Vous me demandez... Je vous le propose. Qu'en pensez-vous ?* »

Les formules de conclusion faciles à prononcer

Conclure pour demander l'accord final n'est pas toujours aisé. S'il en est ainsi c'est parce que, le plus souvent, des étapes incontournables ont été négligées voire omises. À l'image d'un skieur qui aurait manqué quelques portes au cours de son slalom, se sentant éliminé et hors concours, il ne pousse plus sur ses bâtons à l'approche de l'arrivée. Voici quelques expressions qui vous permettront d'y parvenir, sous réserve que vous consentiez au risque d'un éventuel refus. Il vous reste à sélectionner celles qui vous conviennent et de vous obliger à les prononcer à la fin de chacun de vos entretiens. Les premières fois vous éprouverez quelque gêne. Puis l'habitude aidant vous les prononcerez sans vergogne et vous transformerez ainsi vos contacts en bons de commande :

- « *Est-ce que cela vous convient ?* » (Validation logique.)
- « *Que dites-vous de tout cela ?* » (Validation logique.)
- « *Avez-vous idée de la date à laquelle vous aimeriez mettre cela en place ?* » (Proposition-test.)
- « *Avez-vous idée de la date à laquelle nous devons mettre cela en place ?* » (Proposition-test plus engageante que la précédente pour le client.)
- « *Vous avez peut-être déjà idée de l'endroit où vous souhaitez l'installer ?* » (Proposition-test.)
- « *J'ai un certain nombre de choses à planifier concernant cette affaire, avez-vous une exigence de date ?* » (Proposition-test.)
- « *Je dois choisir la personne qui, chez nous, suivra votre dossier et sera votre correspondant. Vous avez une préférence à exprimer la concernant ?* » (Proposition-test.)
- « *Si vous n'y voyez pas d'inconvénient, je vous propose de fixer une date de démarrage ?* » (Conclusion directe : signature ou objection.)

- « *Ce que je vous propose c'est d'enregistrer votre commande, à moins que vous souhaitiez revenir sur un ou deux points ? »* (Conclusion directe : signature ou objection.)
- « *Ça va. Voulez-vous quelques informations complémentaires avant que je remplisse votre contrat ? »* (Conclusion directe : signature ou objection.)
- « *Voyez-vous quelques raisons pour ne pas essayer ? »* (Conclusion directe : signature ou objection.)
- « *Voyez-vous quelques raisons qui empêcheraient de donner votre accord ? »* (Conclusion directe : signature ou objection.)
- « *Si tout est clair pour vous, on peut peut-être passer à la nécessaire phase administrative des choses, à moins que vous souhaitiez revenir sur un ou deux points ? »* (Conclusion directe : signature ou objection.)
- « *Entre les différentes formules que je vous propose, vous avez peut-être déjà une préférence ? »* (Alternative.)
- « *Parmi les différentes formules que je viens de vous présenter, quelle est celle qui vous convient le mieux ? »* (Alternative.)
- « *Alors, au final, quel est votre choix entre ces options possibles ? »* (Alternative.)

Quelques réflexes à acquérir pour surmonter les objections

Les objections, nous en sommes convenus, ne sont pas une bataille d'arguments. De la part de nos clients, c'est la variable d'ajustement qui permet à nos interlocuteurs de guider nos pas, de manière très féminine, je veux dire sans montrer trop son intérêt. Un peu comme un mouchoir que la belle laisse négligemment tomber et qu'il nous faut savoir ramasser avec élégance. Le bon réflexe est de lui faire développer son objection pour la cerner, la mieux comprendre, puis la reformuler pour enfin, et enfin seulement, y répondre de façon pertinente. Face aux objections les formules réflexes à développer sont donc les suivantes :

- « *Qu'est-ce qui vous fait dire cela ? »*
- « *Vous pouvez m'en dire un petit peu plus ? »*
- « *Idéalement, que vous faudrait-il, pour que cela vous convienne ? »*
- « *Qu'est-ce qui vous fait dire que c'est cher ? »*
- « *Qu'est-ce qui vous préoccupe au juste ? »*

Prenons l'exemple de l'objection prix[1]. Nos interlocuteurs ont tendance à utiliser la même formule : « *C'est cher !* » pour exprimer des perceptions différentes.

1. La crainte de ne pouvoir rentabiliser leur investissement (usage insuffisant ou retour sur investissement leur apparaissant trop faible).

2. Ils désirent sincèrement acheter mais craignent de ne pas en avoir les moyens.

3. Vos concurrents ont une offre plus compétitive que la vôtre.

4. Le manque de désir (appétit).

Dans ces circonstances, il est difficile de répondre sans avoir au préalable levé cette interrogation. La réponse réflexe à l'objection prix sera : « *En quoi cela vous apparaît-il cher ?* » ou « *Qu'est-ce qui vous fait dire que c'est cher ?* ». Votre argument en retour sera ainsi plus pertinent.

Closing réflexe sur le besoin véhiculé par une objection

— « *En fait ce que vous souhaitez c'est... ? C'est cela ? Une solution qui réglerait ce problème vous conviendrait-elle ?* »
— « *En bref, ce qui guide vos pas, c'est... »*

... et toutes les formules de Closing sur le besoin et sur le passage à l'acte énoncées ci-dessus.

Reprenons l'exemple du prix :

— (Le client) : « *Vous n'êtes pas bien placé en prix.* »
Sa formulation lève clairement l'une des quatre hypothèses dont je fais état plus haut. Cette fois c'est bien net, il a trouvé mieux ailleurs !
— Réponse en forme de Closing sur le besoin : « *Ce que vous vous demandez c'est : Qu'est-ce qui justifie la différence de prix ? C'est cela ?* »

---

1. À propos du prix *cf. Faire accepter son prix à ses clients, op. cit.,* p. 32. Le lecteur y trouvera les méthodes et astuces qui faciliteront grandement cette phase ingrate durant laquelle le client est en principe d'accord pour acheter le bien ou service que le vendeur lui proposera, mais s'interroge quant à la possibilité ou l'intérêt d'en acquitter le prix et les conditionsd'acquisition.

 Présentez alors, et alors seulement, votre argument. Vous convaincrez plus aisément vos interlocuteurs, tant il est vrai que l'on ne peut pas avoir raison contre un client mais avec lui !

Certains parmi vous peuvent se demander à bon droit où réside la spontanéité dans tout cela. Je comprends leur interrogation. Mes propos ici ne visent pas à réduire la spontanéité, tant il m'apparaît que celle-ci est incontournable pour assurer les bonnes relations interpersonnelles qui président au succès dans la vente. Toutefois canaliser la spontanéité pour la rendre plus efficiente est indispensable. Au même titre que nous disons « merci » quand il nous est offert quelque chose et que ce réflexe fut acquis par apprentissage, nous devons développer des savoir-faire pour améliorer nos relations interpersonnelles. Les phrases, questions, vocables et autres propos réflexes que je viens de sommairement présenter vont en ce sens. Les acquérir contribuera à vos succès futurs.

Chapitre 24

SOYEZ PROACTIF ET ENGAGEANT POUR VENDRE[1]

> *– Je ne m'en sors pas.*
>
> *– Comment, tu ne t'en sors pas ?*
>
> *– Je fais tout comme tu m'as dit et puis « nada ».*
>
> *– Tu sais, tu es trop statique. Sois proactif. Mène ton combat de façon dynamique. Je veux dire, affiche une volonté permanente de faire avancer ton client vers une décision. Je vais t'expliquer.*

Un retour sur le fondement de notre métier de vendeur s'impose. Chaque métier a sa raison d'être. À défaut d'une raison d'être, un métier n'a pas de sens. La raison d'être d'un médecin est de guérir les malades. Si les patients peuvent se soigner seuls, le médecin n'a plus de raison d'être. Celui du boulanger est de fournir du pain à ses clients. La machine à pain, si elle venait à se généraliser, supprimerait toute raison d'être au métier de boulanger. Cette banale observation conduit à une question fondamentale : quelle est la raison d'être de celles et ceux qui vendent ? Recevoir les clients, les visiter, les conseiller, prendre une commande, pensez-vous. Cette vision est très réductrice !

---

1. Approfondissement recommandé : vidéo N° 5 – *Trucs et astuces pour maîtriser le client dans l'entretien* et vidéo N° 13 – *Obtenir la décision des indécis récalcitrants* (2ᵉ partie) – Rubrique formation en ligne – www.forventor.fr

Il est plus pertinent de reconnaître que la raison d'être première du métier de vendeur consiste tout bonnement à aider les clients à se DÉCIDER. Si les clients parvenaient à se décider seuls, point ne serait besoin de commerciaux. Le métier de vendeur perdrait toute raison d'être. En ce sens, le principal concurrent du vendeur est Internet. Les sites marchands proposent aux clients de se décider en toute liberté, sans argument ni analyse préalable de leurs besoins. Si les clients ont recours aux services des vendeurs c'est pour se faire assister dans leur décision d'achat ou de non-achat ! Faut-il une nouvelle fois faire remarquer, pour emporter l'adhésion du lecteur à cette conception de leur métier, que les clients dans les magasins ne quémandent pas un conseiller mais « réclament » un vendeur. Cette expression démontre à l'envi qu'ils se situent bien dans cette optique de décision/non-décision.

Une autre observation vient corroborer la pertinence de ce propos. Celle-ci est unanimement faite par les conseillers travaillant dans les agences commerciales des mutuelles santé. Un grand nombre de clients commencent l'entretien en prévenant leur interlocuteur qu'ils ne prendront pas de décision immédiatement ou encore qu'ils veulent disposer de plusieurs offres avant de se décider. En clair, ils se situent d'emblée dans la perspective de devoir « signer » et se défendent par avance de consentir à le faire le jour même. Si les clients se situent spontanément dans une perspective d'achat ou de non-achat, les commerciaux quant à eux font souvent choix d'une autre ligne d'attaque. Ils empruntent l'habit perfide et fallacieux du « conseiller ». Non seulement le client n'en croit rien, mais sa méfiance naturelle s'en trouve renforcée.

À l'occasion de nos séances de coaching, mes collaborateurs et moi-même constatons qu'une prime au succès est obtenue par les vendeurs qui mènent leurs entretiens dans la perspective avouée de décider leurs clients. Ils opèrent comme certains séducteurs qui ne s'embarrassent pas d'excessifs préliminaires de conquête. La part de séduction est réduite à la portion la plus congrue. Ils sollicitent l'accord, poussent à l'accord, obtiennent l'accord !

L'observation de leurs agissements m'a conduit à organiser pour nos clients une semaine d'un challenge novateur, baptisée « La semaine de la gaufre[1] ! ».

En l'espèce il s'agit d'un modeste et sympathique jeu concours qui récompense l'obtention en *one shoot* d'un accord du client (2 points) ou à défaut de son refus (1 point), et sanctionne les « peut-être » par la perte de 2 points. Peu importe l'importance de la vente. L'enjeu de ce challenge est de mobiliser l'énergie de ceux qui vendent sur la recherche d'une prise de position, fut-elle négative. Rien d'étonnant à ce que les chiffres de vente explosent. En moins d'une semaine les timides sont guéris, et les commerciaux comprennent l'impact de cette quête systématique de la décision des clients sur leurs résultats.

Menez vos entretiens dans une perspective de succès. N'ayez de cesse d'avouer votre désir d'obtenir une décision favorable et immédiate. Tentez d'engager votre client en toutes circonstances et à chaque moment de l'entretien. Faites-le avec gentillesse, avec sympathie, avec bienveillance et en souriant, mais faites-le ! Toutes les étapes de l'échange sont concernées par cette approche d'expression du désir de contracter. Le schéma ci-après résume le propos.

Le bon enchaînement des engagements à obtenir pour décrocher l'accord client

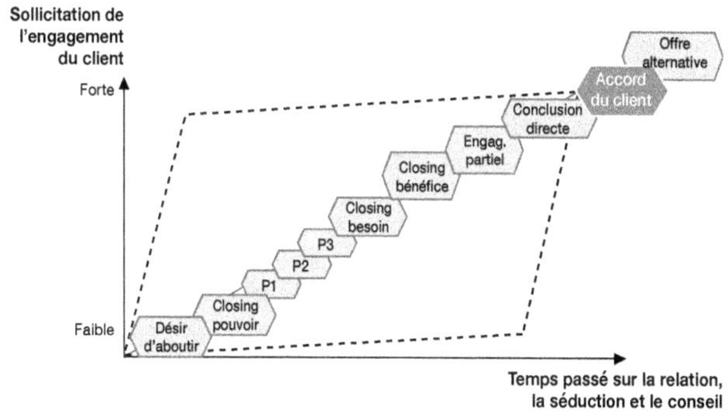

---

1. Afin de faire clairement référence au refus d'un client.

Regardons comment pratiquer. Commencez, au tout début de vos entretiens, par exprimer votre désir d'aboutir. D'emblée ! Conduisez-vous en tout point comme si « *les choses étaient écrites et que la vente était faite* ». Il ne s'agit nullement d'être arrogant ou dominateur. Montrez-vous simplement enthousiaste à l'idée d'aboutir. Exprimez votre désir. Entraînez-vous à dire, le besoin du client à peine exprimé, (par exemple si vous travaillez chez SFR) : « *Vous avez bien fait de venir. Heureux de vous accueillir chez nous. Vous allez voir, on est bien chez SFR. J'espère vous en convaincre.* » Et si le client se défend (car lui, on le sait, est dans cette dialectique d'engagement/non-engagement), demandez-lui avec un grand sourire : « *Est-ce que vous me donnez ma chance ? Puis-je tenter de vous en convaincre ?* » Tous, de peur que vous les abandonniez à leurs interrogations sans réponse, vous donneront leur feu vert, en minaudant ! Il y a gros à parier que ce premier « oui », sera suivi de nombreux autres et bientôt du plus important d'entre eux : l'accord final.

Cette phase d'expression de votre désir peut se répéter, ici ou là, dans l'entretien. Trop de désir de conquête ne nuit jamais dans la vente. Tentez ensuite une première proposition-test, faiblement engageante (P1) : « *Dans la perspective de votre abonnement chez nous vous avez une idée de...* (suit une question anodine portant sur son besoin) ». Écoutez bien la réponse de votre vis-à-vis, elle trahit souvent son degré d'avancement et le chemin qu'il lui reste à parcourir pour se décider. Un peu plus tard dans l'entretien, une deuxième proposition-test (P2), un peu plus engageante celle-là, amènera peut-être votre client à dévoiler son désir de passer à l'acte (cf. chapitre 10).

Enfin, plus avant dans votre échange, une proposition-test très engageante (P3) aura probablement raison de lui : « *Dans l'hypothèse où votre décision serait favorable, à quelle date souhaitez-vous que je fasse démarrer votre abonnement[1] ?* » Il est clair que si votre client vous répond souhaiter cet abonnement dès aujourd'hui ou bien vous sollicite sur le point de savoir à quelle date il est possible de démarrer, il vous reste en ce cas à enchaîner sur une conclusion directe.

---

1. Le passage du conditionnel au temps présent est une tactique qui, au mépris des règles usuelles de notre langue, permet de mettre un peu plus votre interlocuteur au pied du mur.

Les lecteurs qui suivront mes conseils découvriront que le Closing sur le besoin n'est au fond rien d'autre qu'une P4, véritable proposition-test qui, à défaut d'avoir obtenu l'engagement du client à l'aide des précédentes tentatives, vise à obtenir l'accord de celui-ci, sous condition qu'une solution à son besoin lui soit offerte. (« *Si je vous propose une solution qui...* – reformulation du besoin – *vous êtes prêt à vous abonner chez nous ?* »)

À ce stade de l'entretien, le produit (ou la solution) n'a pas encore été présenté. Tout au plus a-t-il été évoqué en filigrane. On comprend mieux dès lors que point n'est besoin de parler produit pour obtenir la décision d'un client. Le produit est l'enjeu de la décision (est-il intéressant ? En ai-je besoin ?), il n'est pas l'enjeu de la discussion (dois-je m'engager ou pas ?) !

Si cette façon de pratiquer ne suffit pas à engager votre client, « une déballe » s'impose ! Sous ce vocable, je fais allusion à cette phase de l'entretien au cours de laquelle le commercial parle enfin de son produit, à l'image des camelots. Ici, engager votre client revient à ponctuer votre présentation par un Closing sur les bénéfices offerts aux clients. (« *Est-ce que cela vous séduit ? Cela résout le problème que vous m'avez exprimé, n'est-ce pas ?* ») L'accord du client sur les bénéfices que votre proposition comporte, suffit souvent à engager votre client dans le processus d'accord ; accord qu'il vous faut sans cesse convoiter.

Toutefois, certains clients demeurent, contre toute rationalité, indécis. Le désir d'achat ne suffit pas à emporter leur décision. Ils hésitent, tergiversent. Que ce soit le montant de l'investissement qui les retient, la peur de se tromper ou de ne pouvoir opérer une marche arrière, ils se dérobent devant la décision. La quête d'un engagement partiel fait souvent solution à cet ultime obstacle. Les commerciaux n'y songent pas. Trop axés sur le « combien » (combien je vends, en quelle quantité, de combien cela me rapproche de mon objectif mensuel de vente, etc.) de nombreux vendeurs perdent de vue le « comment » (comment m'y prendre pour faire avancer mon client, comment « l'embarquer » dans un processus d'accord, comment le rassurer, comment obtenir sa décision, etc.), raison d'être fondatrice de leur métier. Convenons pourtant que l'engagement partiel constitue l'un des meilleurs déclencheurs de décision. Mettre en avant le droit de rétractation, proposer un essai, passer une première et très modeste commande, etc., constituent de fabuleux moyens pour entraîner une décision favorable.

Point n'est besoin d'insister davantage sur l'à-propos de l'engagement partiel pour décrocher une décision favorable de vos clients.

Terminons ce chapitre en rappelant que si rien de tout cela ne suffit à obtenir l'accord de votre vis-à-vis, vous faire quelque peu violence s'impose. La conclusion directe ainsi que de pertinentes réponses aux objections de non-engagement (« *Il faut que j'en parle à...* », « *Il faut que je réfléchisse...* », « *Faites-moi un devis...* », etc.) sont les ultimes remparts à l'indécision de votre client. À défaut d'avoir gagné la partie, vous nourrirez en vous cet indicible sentiment d'être un excellent professionnel de la vente. À l'image du chirurgien qui n'est pas parvenu à sauver une vie, vous saurez en votre for intérieur que vous aurez tout mis en œuvre pour cela et que votre savoir-faire commercial n'est en rien mis en cause !

Chapitre 25

QUELQUES RÈGLES D'OR À PROPOS DE L'ANNONCE DE VOTRE PRIX[1]

> *— Dis, j'ai besoin de toi une ultime fois.*
>
> *— Si je peux...*
>
> *— J'ai l'accord pour dîner dans un super resto super macaronné.*
>
> *— Bravo, tout cela se présente bien, non ?*
>
> *— Ouais, mais le problème est de savoir qui paye !*
>
> *— Écoute, il y a une règle d'or. La question du prix se pose quand le client est d'accord pour acheter, pas avant !*

Le problème du prix est d'une grande complexité. Vendeurs et clients semblent en apparence y prêter une grande importance. Côté vendeur, la crainte d'être trop cher est omniprésente, au point que certains commerciaux proposent des remises avant même d'y être invités. Côté client le prix est souvent avancé comme une préoccupation première, alors que dans les faits ses critères de décision donnent priorité à la qualité et à la satisfaction recherchée.

---

1. Approfondissement recommandé : 6 vidéos de formation sur le prix, *Faire accepter son prix à ses clients – Quelles tactiques choisir pour présenter votre prix – Quand, comment et quel prix annoncé – Répondre à l'objection « C'est cher » – Comment sortir gagnant de vos négociations – Les bonnes recettes des spécialistes de la négociation* – www.forventor.fr

La locution populaire qui définit le vaurien comme une personne qui ne vaut pas cher ou l'expression « ça ne vaut rien » pour désigner un produit de mauvaise qualité démontre à l'envi qu'un prix élevé est psychologiquement étiqueté « article de qualité » et qu'à l'inverse le produit pas cher est catalogué « *cheap* ». Une observation plus scientifique du sujet laisse perplexe. Dans mon livre *Savoir vendre ou mourir* je cite l'étude de deux psychosociologues, Mandel et Johnson. Leur étude porte sur le comportement des internautes en matière de clics. Ces chercheurs ont démontré que sur un site de vente de meubles en ligne, selon le fond d'écran retenu, les internautes cliquaient majoritairement sur les meubles à prix promotionnel dans le cas d'un fond composé de pièces de monnaie et arrière-plan couleur vert dollar et *a contrario* s'intéressaient prioritairement aux meubles de meilleure qualité et aux prix plus élevés lorsque le fond du site faisait place au ciel bleu et à de petits nuages de beau temps. À la lumière de cette édifiante expérience[1], corroborée par de nombreuses autres, force est de reconnaître que l'appétence des consommateurs est largement prédéterminée par les suggestions de celui qui vend. Si votre entreprise fait choix de communiquer sur l'attractivité de prix, elle stimule l'anorexie financière de ses clients. En revanche, la mise en avant de la qualité, du confort et de l'art de vivre incline les clients à plus de boulimie...

On comprendra que le sujet du prix est si vaste qu'il a justifié de ma part l'écriture du livre *Faire accepter son prix à ses clients*[2] et de réaliser le tournage de six vidéos de formation. Ici, je limiterai mon propos à quelques conseils.

Retardez l'annonce de votre prix

Nous avons vu que le client très naturellement « verticalise » par le haut. En clair, il nous sollicite d'emblée pour obtenir une documentation concernant l'article convoité et s'intéresse sans délai à son prix. Il faut bien comprendre qu'ainsi il assoit son pouvoir et devient maître du jeu. La verticalisation par le bas (parler problèmes à

---

1. Expérience rapportée par une publication de l'université de l'Indiana des travaux de Jamie Murphy, Charles Holfacker et Richard Mizerski, consultables sur Internet à la rubrique « Primacy and Recency Effects on Clicking Behavior ».
2. *Faire accepter son prix à ses clients, op. cit.*

résoudre et motivations à satisfaire) est la seule réponse tactique que doit adresser le vendeur. Il récupère de cette façon le pouvoir et obtient les éléments d'argumentation indispensables pour convaincre. L'annonce du prix doit être *a minima* différée jusque-là.

▰▰▰ À quel moment annoncer votre prix ?

Le problème du prix ne mérite attention que si votre client est en principe d'accord pour acheter, mais se doit de réfléchir à la possibilité de s'offrir le bien ou service convoité. Pas avant !

▰▰▰ Quel prix annoncer ?

Trois catégories de prix habitent confusément le psychisme de nos clients : le prix de « faisabilité », le prix tarif et le prix à payer. Bien discerner le Momentum de l'annonce de ces trois niveaux de prix permet de répondre judicieusement à la question du « Combien ? ».

Le prix de faisabilité

La question que soulève tout désir d'acquérir un bien ou un service est celle bien légitime de la possibilité de se l'offrir. Il vous faut admettre en qualité de commercial, qu'obtenir en début d'entretien le feu vert de ce « contrôleur financier » est souvent votre tout premier challenge dans l'entretien. Si vos interlocuteurs entament fréquemment l'échange par la question du « Combien ? », c'est tout bonnement parce qu'ils sont dans une logique de « stop ou encore ? ». « *Puis-je continuer ou dois-je renoncer à rêver* » se demandent-ils ? Répondre à cette première sollicitation est incontournable. Faut-il encore que votre réponse soit en phase avec la demande. Un prix « à partir de » ou des plages tarifaires suffisent à apaiser les légitimes inquiétudes de votre interlocuteur, sans devoir dévoiler votre tarif.

Le prix affiché

Le prix affiché est le prix public, accessible à tous. Celui-ci est énoncé au client quand le besoin de ce dernier a été parfaitement cerné. Une semaine début décembre à la montagne n'est évidemment pas au même prix que la semaine de Noël ou de Pâques... Le prix affiché, appelé encore catalogue ou tarif, est celui qu'il vous faut annoncer une fois le choix d'une solution ou d'un produit sérieusement envisagé par votre interlocuteur. Tout éclairage préalable est contre-productif, tant en termes de relation de pouvoir que de gestion de l'appétit d'achat du client.

Le prix acquitté

Ici la question du « Combien » porte sur le prix à devoir acquitter par le client pour obtenir le bien ou le service convoité. On l'a compris, il s'agit tout bonnement du prix obtenu après négociation. Ce dernier n'est à avancer qu'en contrepartie d'une promesse d'accord de votre client. L'octroi d'une remise n'est autre que votre monnaie d'échange pour obtenir la signature convoitée. En clair, pas d'accord, pas de remise !

Ne brûlez pas inutilement vos cartouches. Prix de faisabilité, prix affiché ou prix à payer, doivent être annoncés tour à tour au moment opportun.

Comment présenter votre prix

Dans *Faire accepter son prix à ses clients*[1] (en livre et en vidéos) je développe de nombreuses tactiques qui ne trouvent pas leur place ici. Une seule règle doit vous guider : ne jamais annoncer un prix isolément à vos clients. Veillez à y associer une grandeur qui relativise l'effort financier à devoir envisager, ou le bénéfice perçu par votre interlocuteur ou encore l'énumération d'une liste des biens et services inclus.

J'achève ces quelques conseils de négociation en vous rappelant cette maxime : *La baisse du prix est la variable d'ajustement du mauvais vendeur !*

---

1. *Op. cit.* chez Eyrolles et www.forventor.fr

CONCLUSION

Le public doit être traité comme une femme.
On ne doit rien lui dire qu'il ne souhaite entendre.

GOETHE

La plupart des problèmes ou difficultés de Closing que rencontrent celles et ceux qui vendent proviennent, peu ou prou, de trois sources.

✓ **1re source de difficulté :** nous ne nous attachons pas suffisamment à mettre au jour les désirs, attentes et préoccupations de nos clients.

Nous leur jetons au visage nos produits, nos solutions, murés que nous sommes dans nos certitudes, nos propres désirs et mus par nos égocentrismes et les objectifs de vente qui nous sont assignés. La vérité est que, pour réussir dans la vente, il s'agit moins de vendre que de faire acheter. Si notre vis-à-vis ne l'a pas déjà fait c'est pour la bonne raison qu'il n'y est pas parvenu seul. C'est pourquoi vendre nécessite d'entrer dans la bulle de l'autre. Face aux achats par Internet, c'est notre planche de salut ! Entrer dans la bulle de l'autre ce n'est pas seulement se mettre à sa portée. C'est bien davantage saisir les ressorts de son système de pensée et cela jusqu'à son intimité la plus profonde, afin de le comprendre et de l'aider à démêler les fils de sa complexité. Sympathie pour notre concurrent, budget limité, retour sur investissement incertain, crainte de se tromper, etc., nos clients ont besoin de nous pour y voir clair et passer à l'acte d'achat. Dans un magasin, ne revenons-nous pas spontanément vers le vendeur qui nous a si bien conseillé la fois dernière ?

La vérité est qu'à défaut de sacrifier temps et attention à la problématique et aux intérêts de celui dont on sollicite l'accord, la conclusion nous apparaît tellement vouée à l'échec que nous n'osons même pas la formuler.

✓ **2ᵉ source de difficulté** : elle se situe dans le non-respect du déroulé logique du processus de vente.

J'entends par là qu'il nous appartient de conduire l'entretien et d'en respecter les étapes :

> Savoir au départ, ce que vous voulez exactement obtenir de votre interlocuteur.

> Savoir faire connaissance, valoriser son entreprise et obtenir sa confiance.

> Solliciter son autorisation pour lui poser quelques questions.

> Comprendre ses problèmes et difficultés ainsi que leurs causes et leurs conséquences pour lui. Mettre au jour ses buts et ce qu'il cherche à obtenir.

> Découvrir ses attentes et préoccupations profondes ; ce qu'il achète au fond des choses (les bénéfices recherchés).

> Concevoir une reformulation du besoin mis au jour.

> Tenter un Closing sur le besoin mis au jour, en suggérant l'existence d'une solution.

> Dès l'accord sur le Closing besoin obtenu, présenter vos produits en dégageant les avantages et bénéfices recherchés.

> Lever toutes les objections, en comprenant leur pourquoi et le fondement des blocages observés, et toutes choses qui amenuisent l'espoir d'un accord.

✓ **3ᵉ source de difficulté** : notre crainte d'échouer nous conduit à renoncer à la conclusion.

Tentez coûte que coûte une conclusion en vertu du principe « *Qui ne risque rien n'a rien* ». Sortir d'un entretien sans commande est sans importance. Sortir sans avoir sollicité une réponse, quand bien même serait-elle négative, est une faute majeure. Une faute aussi terrible pour nous autres commerciaux que celle que commettrait un chirurgien qui renoncerait à tenter d'opérer un cas désespéré. Évitons de faire les réponses au lieu et place de nos clients. Trop souvent nous les quittons sans avoir conclu, certains que nous sommes d'avoir perdu la partie ! Comment la gagner si nous ne la jouons pas ? *Concluez* et cela quoi qu'il arrive. C'est une question d'éthique professionnelle. À ceux qui ont tant de mal à conclure, je leur conseille de s'entraîner à aller « chercher le "*non*" » qu'ils redoutent à défaut d'un « *oui* ». Qu'ils s'en fassent une ardente obligation et qu'ils se disent qu'un « *non* » vaut mieux qu'une absence de réponse ou une réponse faite par leurs soins.

Ainsi s'achève ce moment passé ensemble. Peut-être aurai-je le plaisir de vous rencontrer et de prolonger ce bref instant, sur notre site Internet[1] ou au cours d'un de nos nombreux séminaires ? Ce sera l'occasion d'échanger ensemble d'autres méthodes, techniques et astuces pour exercer toujours plus efficacement votre métier, gagner des parts de marché, organiser votre prospection, vous entraîner à questionner pour convaincre, à améliorer votre maîtrise de la conduite des entretiens de vente, perfectionner vos écrits commerciaux, savoir vendre les prix et les conditions, manager votre clientèle, visiter et vendre par téléphone, optimiser vos stratégies de contacts ou encore manager votre équipe de vente ou animer un réseau de distribution. À bientôt, j'espère.

---

1. www.forventor.fr

Annexes

ANNEXE 1

Votre savoir-faire commercial est-il au top ?

Le site www.forventor.fr vous permet de **tester gratuitement** en ligne les différentes composantes de **votre savoir-faire commercial**. Ce bilan met en valeur votre potentiel commercial et vous invite à le réaliser pleinement.

En passant ces tests vous bénéficiez d'un bilan personnalisé de la part d'un consultant Forventor. Cet inventaire très détaillé vous est commenté oralement, puis gracieusement envoyé. **Vos forces et faiblesses en matière commerciale** sont ainsi mises en lumière. Au-delà des résultats dont le commentaire vous assure un progrès immédiat, nous vous conseillons des lectures, des vidéos ou encore nous vous indiquons quels stages suivre afin de vous perfectionner pour **vendre plus et mieux**.

Ces tests investiguent cinq grands domaines :

> Votre savoir-faire en prospection et la conquête de nouveaux clients.
> Votre capacité à analyser et comprendre les besoins d'un client.
> Votre art pour argumenter, répondre aux objections et conclure pour obtenir l'accord.
> Votre aptitude à défendre votre prix et à négocier avec vos clients.
> Votre adaptation à la gestion de votre portefeuille de clients, de votre organisation et de votre temps.

Ce diagnostic de compétences commerciales est un réel *must* pour tous ceux qui souhaitent se perfectionner afin d'accroître leurs ventes ou améliorer leur taux de transformation, ou encore faire valoir leur expertise au sein de leur entreprise, saisir une opportunité de carrière, ou tout simplement prouver leurs compétences à un futur employeur... Bon surf !

ANNEXE 2

Êtes-vous au top en management commercial ?

Le site www.forventor.fr vous permet de **tester gratuitement** en ligne les différentes composantes de **votre savoir-faire en matière de management commercial**. Cet inventaire très détaillé vous est commenté oralement par un consultant Forventor, puis gracieusement envoyé. **Vos forces et faiblesses pour le management d'une force de vente** sont éclairées. Le corrigé vous prodigue des conseils immédiats. Nous vous conseillons des lectures et nous vous indiquons quels éventuels stages suivre afin d'**améliorer concrètement vos aptitudes à l'encadrement et au coaching des vendeurs**.

Ces tests analysent cinq grands domaines :

> Votre style de management et le type de responsable commercial auquel vous appartenez.
> Votre capacité à mobiliser vos commerciaux.
> Votre art pour diagnostiquer et assurer la compétence de vos commerciaux.
> Votre aptitude à les contrôler et à les évaluer.
> Votre savoir-faire pour concevoir et piloter un plan d'actions commerciales.

Ce diagnostic de compétences managériales s'adresse à deux types de public :

> Aux **dirigeants et encadrants commerciaux** qui souhaitent identifier les zones de progrès pour se perfectionner en management et accroître la performance de leur équipe.
> Aux **commerciaux** qui souhaitent accéder aux fonctions d'encadrement commercial, faire valoir leur aptitude au management au sein de leur entreprise ou tout simplement prouver leurs compétences à un futur employeur.

ANNEXE 3

Passeport pour votre réussite professionnelle : la certification ISO 17024 de votre excellence commerciale par l'AFNOR

AFNOR (les normes NF, AFAQ ISO 9001, etc.) offre aux commerciaux l'opportunité de faire certifier leurs compétences commerciales aussi bien que leur sérieux. Cette certification norme ISO 17024, « **Interlocuteur commercial de confiance, certifié excellent professionnel** », permet :

1. de vous mobiliser autour d'un projet d'excellence professionnelle ;

2. de redorer l'image de notre profession dont le savoir-faire n'est pas suffisamment reconnu ;

3. de garantir à vos clients que vous êtes un excellent professionnel, digne de confiance. La confiance des clients est un facteur clef dans leur décision d'achat. Vous vous démarquez :
   - en satisfaisant à un examen rigoureux qui audite votre compétence commerciale ;
   - en étant régulièrement contrôlé sur le terrain par des clients mystère AFNOR ;
   - en bénéficiant du logo AFNOR certification au verso de votre propre carte de visite ;
   - en disposant en agence de puissants visuels pour le faire savoir à vos clients ;
   - en adhérant à la déontologie commerciale d'AFNOR, garantie d'éthique et de moralité.

4. de vous intéresser davantage au « Comment » et un peu moins au « Combien » ;

5. de concevoir, d'adhérer et de respecter le protocole de vente des produits de votre entreprise afin de gagner en efficacité et perdre un peu en fantaisie ;

6. d'intégrer la chaîne de la satisfaction des clients (un produit ne satisfait un client que si les préconisations du vendeur sont pertinentes) ;

7. de gagner en autonomie en gagnant la confiance de votre entreprise et de vos encadrants.

J'invite ardemment le lecteur à consulter les sites www.forventor.fr et www.boutique.afnor.org.

Il se trouve sur ces deux sites des informations détaillées et complémentaires entre elles portant sur la certification ISO 17024 « Interlocuteur commercial de confiance, excellent professionnel »

DU MÊME AUTEUR :

Composé par Sandrine Rénier

Dépôt légal : janvier 2022
Imprimé en Allemagne par BoD